Les 50 sites Internet

Édition 2001

Anglais

Sylvia Avrand-Margot
Anne Magret-Chelot

BELIN
8 rue Férou 75278 Paris cedex 06
www.editions-belin.com

ISBN 2-7011-**2853**-6

Sommaire

Avant-propos

Les sites répertoriés dans ce guide ont deux provenances : les sites officiels et les sites ou travaux personnels. Dans le second cas, nous avons sélectionné ceux qui nous paraissaient les plus sérieux, construits avec passion et documentation par leurs auteurs. Nous tenons à préciser que certains sites figurent ici dans un souci d'information et ne reflètent pas nos jugements et convictions personnels.

Pourquoi Internet ?

Nouvel outil de communication, Internet peut rebuter plus d'un enseignant, peu habitué à chercher sa documentation via l'ordinateur. Pourtant, cet outil se révèle riche, performant, et devient vite indispensable à ses utilisateurs avertis. Cet ouvrage ne prétend pas enseigner l'utilisation technique d'Internet, mais il donne des pistes, des liens qui vous permettront de chercher et trouver des informations pertinentes dans votre matière, que ce soit au collège ou au lycée. Attention ! Les sites, les liens, les pages personnelles présentés ici ont tous été vérifiés consciencieusement. Il est malgré tout possible que certains déménagent ou même disparaissent. Comme les restaurants changent d'enseigne, de propriétaire, de spécialité, l'auteur d'un site peut déménager sans laisser d'adresse… Internet bouge, évolue très vite… Vous pourrez parfois vous trouver devant une porte fermée. N'hésitez pas à nous le signaler. Si un site est inaccessible un jour, essayez le lendemain. Il arrive en effet que les *webmasters* fassent la maintenance des lieux et en rendent l'accès impossible momentanément.

Que faire avec Internet ?

• La recherche de documents (qui constitue la majorité des adresses proposées dans ce volume).
Internet permet l'accès à des documents comprenant du texte, des images fixes, mais aussi de plus en plus souvent du son et des images animées. Tous ces éléments peuvent être consultés en ligne ou bien capturés et rapatriés sur votre propre ordinateur pour une visite ultérieure hors ligne. Le but de ces recherches ? Pour la préparation de cours, guider les élèves en classe, leur donner des pistes pour travailler à la maison ou pour votre propre intérêt.

• La correspondance (quelques adresses sont disponibles dans la première partie).

Par le moyen de la messagerie électronique ou e-mail, vous (élèves, classes, professeurs, établissements...) pouvez correspondre très rapidement avec le monde entier à moindre coût et échanger des documents très variés. La correspondance, c'est aussi un moyen pour les enseignants de communiquer, d'échanger des pratiques et des expériences.

• Les listes de diffusion (une seule est indiquée ici, vous n'aurez aucune difficulté à en trouver vous-même puis à vous inscrire).
Vous pourrez également utiliser la messagerie pour tenir un débat sur un thème donné. Deux sortes de listes de diffusion *(mailing lists)* existent : les bulletins d'information *(newsletters)* que vous recevez périodiquement, et les forums de discussion où chacun peut émettre des messages distribués par la suite à tous.

Le but de ces guides

Attention : ces guides ne sont pas des livres de cours, ils doivent être considérés comme des aides, des outils pour préparer les cours, pour s'informer, pour diversifier ses sources. Nous avons voulu vous faciliter l'emploi d'Internet, vous permettre d'accéder à des informations aussi diverses que possibles rapidement, vous éviter de vous perdre dans les méandres de la toile pour vous donner la possibilité de concevoir vos cours de façon actuelle en utilisant un outil que les jeunes manient déjà avec dextérité... bref, mettre le maximum d'atout de votre côté pour rendre votre matière encore plus attractive. Alors, à vos souris et bon voyage sur le Net.

Les icônes

Elles vous renseigneront d'un coup d'œil pour connaître la langue utilisée dans le site :
anglais
français
Attention ! Puisque tous les sites des chapitres 4 à 8 sont en anglais (à une seule exception) le drapeau anglais ne figure pas contre les sites de ces chapitres.

Icônes des éléments complémentaires :
présence de son

présence de séquences vidéo
Les sites coup de cœur (dont vous trouverez les liens sur le site Belin :
(www.editions-belin.com/cpl/internet/500sites.htm)

Les auteurs

1

Les renseignements pratiques

1 Les académies et CRDP (CDDP...)

Vous trouverez ici les adresses des sites d'académies (sites officiels). En vous rendant ensuite vers la section « pédagogie » puis « anglais », vous arriverez aux pages vous concernant. Pour faciliter les accès ultérieurs, sélectionnez dans le menu les « favoris » ou *bookmarks*, « ajoutez aux favoris » ou *add bookmarks*. Nous pensons en effet qu'il est intéressant, dans un premier temps, de prendre connaissance des sites qui, en règle générale, donnent des informations sur les textes officiels, les activités pédagogiques... En complément, les sites des CRDP.

Aix-Marseille

http://www.ac-aix-marseille.fr

À défaut de trouver ici un site disciplinaire complet, l'académie d'Aix-Marseille vous propose déjà une sélection d'adresses utiles et de réalisations académiques relatives au monde anglophone.
CRDP Aix-Marseille : http://www.ac-aix-marseille.fr/crdp/

Amiens

http://www.ac-amiens.fr/

En plus des chapitres habituels concernant la pédagogie et les informations, le site propose un grand nombre de ressources pédagogiques locales, avec recherche par activité, niveau de production, langue, type d'établissement.
CRDP Amiens : http://www.ac-amiens.fr/crdp/

Besançon

http://www.ac-besancon.fr/

Ce site, en cours d'élaboration (la dernière mise à jour remonte au 16/11/1999...) n'offre que quelques ressources sur le monde anglophone. À suivre.
CRDP Franche-Comté : http://crdp.ac-besancon.fr/

Bordeaux

http://www.ac-bordeaux.fr/

Plusieurs centres d'intérêt : analyse de produits informatiques, adresses à suivre pour les enseignants qui veulent correspondre avec des établissements

à l'étranger, sites à visiter (essentiellement des liens généralistes ou vers des moteurs de recherche) et une liste hétéroclite d'adresses originales. Riche en ce qui concerne les langues.
CRDP Aquitaine : http://crdp.ac-bordeaux.fr/

Caen

http://www.ac-caen.fr/

Accueil félin en cliquant sur le lien concernant l'anglais : lettre de l'I.P.R., présentation des T.P.E. (Travaux Personnels Encadrés, *Teaching Tips*...). Attention, il nous a été difficile d'ouvrir les pages annoncées : problème momentané ou mauvaise conception, à suivre de près.
CRDP Basse-Normandie : http://www.crdp.ac-caen.fr/crdp/

Clermont-Ferrand

http://www.ac-clermont.fr/

Le lien « anglais » vous propose un choix de thèmes très variés, des T.P.E, l'anglais en lycée professionnel, évaluation de logiciels, les T.I.C.E. dans l'enseignement de l'anglais…
CRDP Auvergne : http://crdp.ac-clermont.fr/crdp/

Corse

http://www.ac-corse.fr/

Ne cherchez pas, pas d'anglais en vue.

Créteil

http://www.ac-creteil.fr/

Clairement orienté vers les activités pédagogiques basées sur l'Internet, vous y trouverez des réflexions intéressantes sur la correspondance scolaire, des idées, des orientations possibles et comptes-rendus d'expériences. Mais curieusement, rien sur l'anglais pour le moment. Les auteurs précisent néanmoins que d'autres espaces disciplinaires sont en cours de réalisation. À suivre...
CRDP Créteil : http://www.ac-creteil.fr/crdp/

Dijon

http://www.ac-dijon.fr

Vous êtes ici sur un site dont le contenu se révèle intéressant et semble s'orienter vers une pédagogie concrète et pratique. Pédagogie, forum : ces

rubriques s'étoffent petit à petit. Dans « voyages », vous trouverez des réalisations, des idées, des remarques pratiques et vous pourrez puiser, dans les pages d'actualités, des informations intéressantes, comptes-rendus de lectures, parutions, expositions, cdroms, discussions et échanges de pratiques entre professeurs d'anglais…
CRDP Bourgogne : http://www.ac-dijon.fr/crdp/

DOM TOM

http://www.outre-mer.gouv.fr/pratiq/prateduc.htm

La référence est le site du Secrétariat d'État à l'Outre-Mer pour Saint-Pierre et Miquelon, Wallis et Futuna, Mayotte, la Polynésie Française et la Nouvelle-Calédonie.

Grenoble

http://www.ac-grenoble.fr

En plus d'un accueil musical et d'un contenu strictement pédagogique, vous trouverez une sélection d'adresses, en particulier sur la presse anglophone, l'analyse de cédéroms, des moteurs de recherche, des sites de radios, le tourisme, la télévision, la presse, des préparations de cours sur la presse anglaise, les parcs nationaux aux USA, les jeux olympiques en Australie (mais attention toutefois, quelques éléments annoncés manquent encore à ce jour, comme la carte de l'Australie).
CRDP Grenoble : http://www.crdp.ac-grenoble.fr/

Guyane

http://www.ac-guyane.fr/

Nécessité d'avoir *Flash Player*. Tableau à double entrée sur les pages anglais : vous pouvez consulter les programmes du lycée en fonction de la section : S, ES…, consulter la liste des demandeurs de correspondants (malheureusement, on ne connaît ni leur âge ni leur qualité), les « ateliers » (listes de métaphores, de proverbes) et la rubrique « actualités » qui vous donnera des nouvelles des pays alentours où l'on parle l'anglais (St Lucia, Jamaica, St Kitts…). Un site encore à améliorer, mais les débuts sont prometteurs.

Lille

http://www.ac-lille.fr/

Accueil musical sur la page anglais. Les thèmes proposés : « le passage de l'oral à l'écrit en classe de 6e », « le prétérit en classe de 6e : c'est

possible ». Quelques exemples de liaison phonie-graphie à écouter, également une page de liens utiles, une grille pour vous aider à choisir un logiciel et un tableau imprimable pour organiser le choix d'un manuel scolaire.
CRDP Nord-Pas-de-Calais : http://crdp.ac-lille.fr/

Limoges

http://www.ac-limoges.fr/

Pas de langues.
CRDP du Limousin : http://www.unilim.fr/~crdp87/

Lyon

http://www.ac-lyon.fr/

La lettre des I.P.R., des idées et des exemples d'exploitation pédagogique de documents pour des niveaux divers allant du collège au lycée, comment travailler la chanson *Titanic* (vous pouvez télécharger le fichier), *Bagdad Café* et le thème *Painting and its function in the film*, un chapitre d'échanges qui ne demande qu'à être complété. À noter, la page qui offre entre autres des liens sur Andrew Carnegie *The Richest Man in the World* et le lien vers Martin Luther King n'est plus valable – dernière mise à jour de la page anglais : 25/04/1999.
CRDP Lyon : http://www.crdp-lyon.cndp.fr/

Martinique

http://www.ac-martinique.fr/

Le site, créé tout récemment, en mars 2000, présente, en plus des textes officiels, des concours, des exemples de scénarios pédagogiques sur le thème de Hallowe'en (*Hallowe'en Carols, Myth and Stories*...) avec pour notre plus grand plaisir la musique du film *The Nightmare Before Christmas* de Tim Burton. Pour l'instant, la majorité des pages est en construction. À suivre.
CRDP La Martinique : http://www.martinique.univ-ag.fr/CRDP/CRDPW.HTM

Montpellier

http://www.ac-montpellier.fr/

Certaines sections sont encore en construction mais la vision d'ensemble laisse présager une documentation abondante. Après avoir ouvert la page

« Entrées thématiques » vous accéderez à la liste des disciplines, dont l'anglais. Les pages anglais offrent une foule de liens, disséminés dans les différentes rubriques : « Créer ses pages *web* », « Pistes pédagogiques », « *Debating Societies* », « Conseils d'équipement »...Beaucoup de ressources pour les enseignants comme pour les élèves. Attention : de nombreux accès sont encore inopérants.
CRDP Languedoc-Roussillon : http://www.ac-montpellier.fr/crdp/

Nancy-Metz

http://www.ac-nancy-metz.fr/

Destiné à faciliter l'accès aux services offerts par Internet, ce site offre essentiellement de nombreuses adresses de journaux, chaînes de télévision, musées, bibliothèques... Le « menu-table des matières » présente les principales rubriques, et le cadre principal un sommaire presque complet du contenu du site. L'information est facile à trouver : les indispensables, pédagogie, sport, les classiques, la bande dessinée, les fêtes, les voyages et un nombre impressionnant de liens pertinents.
CRDP Lorraine : http://www.ac-nancy-metz.fr/crdp/

Nantes

http://www.ac-nantes.fr/

Grâce à sa clarté et à son efficacité, ce site devient rapidement un outil précieux. Outre la page de liens vers les sites Internet et les informations officielles, vous aurez accès à une banque d'images ayant pour objectif de mettre à la disposition des collègues d'anglais des images libres de droits que chacun peut alimenter, en fonction de l'intérêt pédagogique qu'elles revêtent. Comptes-rendus de lectures, découverte de films (cinéma, vidéo) récents, ou liés à l'actualité, également des pages multimédia.
CRDP Pays-de-la-Loire : http://www.crdp-nantes.cndp.fr/main.htm

Nice

http://www.ac-nice.fr/

L'auteur de la rubrique anglais, Mme Jane Bowell, la décrit comme « ... structurée de manière à proposer des activités pédagogiques directement utilisables, mais aussi des outils de recherche et d'aide plutôt destinés à l'enseignant ou à l'étudiant autonome ». La rubrique anglais vous intéressera par la richesse des liens, un classement clair et efficace. La

rubrique *Reading Activities* vous propose chaque mois des liens vers des bibliothèques et des sites de presse, l'objectif étant de constituer une base de données, de correspondre avec des écoles anglophones, développer la compréhension orale en écoutant des informations, textes ou discours enregistrés... Également quelques moteurs de recherche avec un bref descriptif et une page intéressante de liens touristiques.
CRDP Nice : http://www.ac-nice.fr/crdp/

Nouvelle Calédonie (vice-rectorat)

http://www.ac-noumea.nc/

Vaste site dont une partie est consacrée à l'anglais : sites, programmes, ouvrages de référence (grammaire, vieil anglais...), revues et magazines en ligne, encyclopédies et bibliothèque de voix. Un forum qui permet les échanges entre enseignants. Quelques pages en construction.
Pas de CRDP.

Orléans-Tours

http://www.ac-orleans-tours.fr/

De nombreuses rubriques sont prévues mais le site est, pour l'essentiel, en construction. Le classement prévoit les rubriques suivantes : animations, actualités, fiches pédagogiques, vie de la langue (explication de certains points de vocabulaire, expressions ou abréviations, classées par ordre alphabétique, blagues), travaux d'élèves (4 sont disponibles au niveau collège : présentation des pays anglo-saxons, correspondance scolaire par Internet..., 2 au niveau lycée, les fiches primaires sont en préparation). Comme pour tous les sites en évolution, il faut y jeter un œil très régulièrement.
CRDP Centre : http://www.ac-orleans-tours.fr/crdp/

Paris

http://www.ac-paris.fr/

Intéressante et pratique, la rubrique « Agenda » avec les dates d'expositions et de manifestations culturelles liées au monde anglophone, à Paris, New York, Londres : cinéma, expositions, théâtres, conférences... En ce qui concerne le contenu des rubriques annoncées (lycée, premier cycle collège, ressources et échanges) il faudra faire preuve de patience, le tout est en construction.

Poitiers

http://www.ac-poitiers.fr/

Des conseils pour bien débuter, des adresses utiles, une mise en page dynamique et agréable, une navigation aisée, ce sont les principaux atouts que vous apprécierez ici, comme les listes et forums de discussion. Vous trouverez aussi un bref rappel des possibilités offertes par Internet : recherche de documents, correspondance entre élèves, conversation en temps réel, listes de diffusion, comptes-rendus d'expériences pédagogiques, 33 activités pédagogiques de niveaux variés autour d'Internet.
CRDP Poitou-Charentes : http://www.crdp-poitiers.cndp.fr/

Reims

http://www.ac-reims.fr/

Présentation austère pour ce site pas encore très fourni : ressources en ligne et liens classés par thèmes (musique, cinéma, sports, correspondance…). Malheureusement il est impossible de se diriger sur le site choisi d'un simple clic de souris, vous devrez entrer vous-même les URL… attention aux fautes de frappe ! Les ressources pédagogiques (Hallowe'en, jeux et activités ludiques…) sont décomposées comme suit : objectif, bilan, expérimentation, conseils, fiche technique, exemple d'activité de P.P.D.
CRDP Champagne-Ardenne : http://crdp.ac-reims.fr/

Rennes

http://www.ac-rennes.fr/

La documentation est résolument tournée vers la pratique pédagogique active. Côté ressources pour les professeurs d'anglais : à noter, surtout des liens vers des sites, classés par rubriques (média, art, cinéma, musique…) et par pays. La rubrique pédagogique est clairement amenée à se développer.
CRDP Bretagne : http://www2.ac-rennes.fr/crdp/

Réunion

http://www.ac-reunion.fr/

Actuellement peu de ressources pédagogiques exploitables pour l'anglais. Vous pouvez ici consulter les programmes, recevoir des informations succinctes sur les classes européennes. À suivre.
CRDP La Réunion : http://www.ac-reunion.fr/crdp/

Rouen

http://www.ac-rouen.fr/

Encore modeste, ce site a vocation à se développer. Vous trouverez actuellement quatre sections principales : espace information (informations succinctes sur les T.P.E., professeurs relais/correspondant/de la discipline), espace pédagogique (fiches sur l'exploitation de documents audiovisuels, vidéo, compréhension orale et écrite…), espace Internet en construction (URL de sites sur les média, civilisation), espace cdroms (liste importante, mais non encore commentée).
CRDP Haute-Normandie : http://www.ac-rouen.fr/crdp/

Strasbourg

http://www.nt.ac-strasbourg.fr/

Vraisemblablement en cours d'élaboration, le site de l'académie de Strasbourg est encore pauvre. Pour l'instant vous y trouverez principalement des informations propres à l'académie et des documents à consulter ou télécharger. Des adresses et numéros de téléphone, quelques sites choisis pour l'anglais (du dictionnaire *on line*, aux services linguistiques suisses). À suivre.
CRDP Alsace : http://crdp.cristal.net/

Toulouse

http://www.ac-toulouse.fr/

De tous les sites existants, celui de l'académie de Toulouse est le plus ancien. Les pages se sont étoffées depuis 1997 et sont aujourd'hui… plus de 650 ! Impossible d'en faire une description exhaustive tellement ce site est riche en informations utiles. Pour vous faire une idée, sachez que vous trouverez une multitude de productions d'élèves de tous niveaux, des exemples de travaux interdisciplinaires, parcours diversifiés, aides à l'enseignement, échanges de postes, expérimentation de logiciels, karaoke…
À découvrir absolument.
CRDP Midi-Pyrénées : http://www.crdp-toulouse.fr:8000/

Versailles

http://www.ac-versailles.fr/

Pour l'instant, une seule rubrique figure au sommaire et concerne l'évaluation de cdroms tournés vers l'apprentissage et la pratique de la langue.

Ils sont testés et décrits avec les activités qu'ils proposent : point forts, points faibles, éditeurs, diffuseurs, prix. Quelques scénarios pédagogiques sont en construction. À suivre…
CRDP Versailles : http://www.crdp.ac-versailles.fr/

Le CNDP

http://www.cndp.fr

Le CNDP propose en ligne une documentation qui, bien qu'incomplète (pas de programmes lycées) est assez fournie. Les documents sont classés par cycle et par discipline. Pour l'essentiel, il s'agit du catalogue des produits vendus par le CNDP.

http://www.cndp.fr/cndp_reseau/

Tout le réseau CNDP par région : la carte de toutes les académies, avec des icônes sur lesquelles vous pouvez cliquer (CNDP, CDDP, CTRDP, implantations locales) pour obtenir des renseignements pratiques, des contacts. Le service international du CNDP répond aux questions que peuvent se poser les étudiants /parents/enseignants français et étrangers, entre autres sur le système éducatif français, les institutions étrangères, l'actualité dans l'éducation à travers le monde.

2 Le Bulletin Officiel

http://www.education.gouv.fr/bo/intro.htm

Site officiel de l'Éducation nationale. Tous les B.O de l'année sont consultables, classés par année, par mois, par semaine. Les anciens B.O. figurent dans les « archives ». En 2000, il est possible de remonter le fil des B.O. jusqu'en 1998. Que dire de plus sur le B.O. ? Les enseignants y trouveront tout sur les carrières, les nominations, les concours, les programmes…
Mode d'emploi de la version en ligne du B.O. : « La publication des textes par le CNDP les porte à la connaissance de l'administration et du public et les rend opposables. Actuellement, seuls les textes tels qu'ils sont rédigés et publiés par le CNDP font foi. »
Les textes antérieurs au 11 juin 1998 ne sont pas accessibles sur le *web*. Chaque B.O. est classé par année et par n°. Les adresses URL des B.O. en ligne suivent la logique suivante :
http://www.education.gouv.fr/bo/année/n°

Exemple :
Le B.O. 24 du 11 juin 1998 a l'adresse URL :
http://www.education.gouv.fr/bo/1998/24
Le B.O. Spécial 5 du 11 juin 1998 a comme URL :
http://www.education.gouv.fr/bo/1998/special5
Le B.O. Hors série 5 du 11 juin 1998 a comme URL :
http://www.education.gouv.fr/bo/1998/hs5
De plus chaque B.O. est organisé, d'une manière générale, autour des parties suivantes :
Organisation générale (orga.htm)
Enseignement élémentaire (ensel.htm)
Enseignement supérieur (sup.htm)
Informations générales (infog.htm)
Personnels (perso.htm)
Mouvement du personnel (mvtp.htm)
Traitement (trait.htm)
Exemple : en l'an 2000, pour obtenir directement tout ce qui concerne l'enseignement supérieur du B.O. n° 1, il suffira de taper l'adresse suivante : http://www.education.gouv.fr/bo/2000/1/sup.htm

3 Les concours

Dans la plupart des sites académiques vous trouverez une rubrique consacrée aux concours. Nous en avons choisi quelques-unes à titre d'exemple, mais la liste est bien sûr beaucoup plus étendue.

Ministère de l'Éducation nationale

http://www.education.gouv.fr/siac/siac2/

Site officiel du ministère de l'Éducation nationale, le SIAC : Système d'Information et d'Aide aux concours du 2e degré. Vous trouverez sur ce site les réponses à vos questions portant sur les concours de personnels enseignants, d'éducation et d'orientation du second degré : les textes officiels (programmes annuels, notes...) publiés au B.O.E.N., le nombre de postes offerts, pour chaque concours et chaque discipline, dès leur publication au journal officiel, le guide des concours qui en présente le déroulement, les conditions d'inscription, les statistiques de la session précédente, la nature des épreuves, les nouveautés réglementaires... un accès aux

informations pratiques relatives à certains concours, un accès aux brochures du ministère de l'Éducation nationale, où vous préparer aux concours ? D'autres informations proposées pourront également vous être utiles après le concours :
Comment vous procurer les rapports de jury ?
Comment obtenir les photocopies de vos copies ?
En cas de réussite, comment serez-vous affecté en qualité de stagiaire ?
SIAC vous permet également d'accéder aux services d'inscription par internet.
Si vous ne trouvez pas dans SIAC l'information recherchée, n'hésitez pas à interroger le vaguemestre, qui répondra à vos questions.

CAPES et Agrégation d'anglais

http://www.outremer.com/~sharad/

Site personnel de Jean-Samuel SAHAI (PLP2 d'anglais, admissible à l'agrégation interne d'anglais en 1996) en provenance de Guadeloupe. Vous pourrez y puiser maintes informations concernant CAPES et agrégation d'anglais internes et externes, des citations et remarques, qui, l'auteur tient à le rappeler, sont personnelles. À chacun donc d'opérer sa propre sélection et de s'approprier les points dignes d'intérêt. Le site est articulé autour de quatre chapitres : *« Agreg Know How », « Agreg Topics »,* « pédagogie et didactique », « thèmes et ressources ».

http://www.outremer.com/~sharad/agreg/summary.html

Du même auteur, le programme de l'agrégation 2001, rapports de jury…

4 La correspondance

Comment trouver un correspondant à ses élèves ? Éternelle question, soulevée régulièrement, par les enseignants, les élèves, les parents d'élèves. Les échanges épistolaires sont parfois difficiles à mettre en place : manque de temps, d'adresses d'organismes. Les sites qui suivent donnent des pistes de recherche pour les échanges de courrier-lettres ou courrier-électronique, individuels ou par classe.

AEDE

http://www.aede.org/

AEDE, Association européenne des enseignants : *Activities, Teachers'corner, Partner Finding, Finding Work as a Teacher in the UK…* Correspondance possible entre enseignants à travers l'Europe et plus particulièrement en Grande-Bretagne (contact en Écosse).

EPALS

http://www.epals.com/

La plus grande communauté scolaire branchée au monde, *ePALS*, relie plus de 2 millions d'étudiants et d'enseignants et regroupe plus de 30 634 profils. Les membres appartenant à plus de 65 000 classes dans 182 pays, utilisent gratuitement les outils interactifs de *ePALS*. Créez gratuitement un profil de salle de classe et un compte de messagerie *web*. Ainsi, vous aurez l'occasion de développer des projets communs, d'approfondir vos connaissances linguistiques et d'établir des amitiés internationales. Une des composantes du site : les lieux de discussion pour échanger des idées avec des enseignants, des étudiants et des parents à propos de sujets qui vous intéressent.
N.B : des enseignants en école primaire cherchent également à correspondre avec des classes de jeunes français.

IECC

http://www.iecc.org/

Pour des échanges e-mail entre classes et échanges de projets. *Class connections* met en relation les enseignants du monde entier (82 pays participants). Beaucoup de projets se sont accolés au projet initial et aujourd'hui, tout le monde ou presque peut se rattacher à une branche interne : *IECC* est destiné aux enseignants du primaire et du secondaire qui souhaitent développer la correspondance électronique internationale et interculturelle entre élèves ; *IECC-HE* s'oriente vers les enseignants du supérieur qui cherchent communiquer avec des classes partenaires, *IECC-INTERGEN* met en avant les échanges inter-générations, *IECC-PROJECTS* regroupe les enseignants de tous niveaux qui aimeraient avoir un soutien ou une aide pour leurs projets de classe, *IECC-SURVEYS* rassemble les demandes, questionnaires et enquêtes des professeurs et étudiants qui cherchent une aide pour des projets à court terme ; enfin *IECC-DISCUSSION* est présente pour toutes les remarques, interventions concernant les *Classroom Connections*.

IFPS

http://www.ipfs.org/

IPFS (the International Penfriend Service). Cette organisation vous permet d'inscrire en ligne les élèves qui souhaitent correspondre avec des jeunes. Vous devrez, en tant qu'enseignant enregistrer les informations les concernant : âge, centres d'intérêt, s'il ou elle souhaite correspondre avec une fille ou un garçon et envoyer les bulletins d'adhésion.

Kidlink

http://www.kidlink.org/english/general/intro.html

Les enfants désireux de correspondre par e-mail avec des jeunes du monde entier doivent, pour valider leur inscription, répondre à quatre questions : *Who am I, What do I want to be when I grow up ?, How do I want the world to be better when I grow up ?, What can I do to make this happen ?* Les questions semblent difficiles, mais la rubrique *Answer Archives* permet de consulter des exemples de réponses. Une fois enregistré, le jeune recevra un nom d'utilisateur et un mot de passe. La correspondance peut alors commencer. Il est également possible de participer à des programmes éducatifs, à des échanges dans le *Kidcafe*, à des conférences, de lire des conseils pour maintenir la correspondance. Les messages émis et reçus sont tous archivés. La mise en place à l'air un peu touffue et compliquée, à vous d'en vérifier la pertinence et le fonctionnement.

RTSQ

http://io.rtsq.qc.ca/Correspondance/CorreS.html

RTSQ Correspondance scolaire*:* plusieurs formules sont offertes aux enseignants pour développer des projets de correspondance. Ici, *RTSQ* vous propose plusieurs pistes et adresses pour mener votre projet à bien : vous vous rattachez à un projet de communication déjà existant ou vous lancez votre projet, les deux possibilités étant regroupées sur le site Classes@Classes (vous consultez le registre ou remplissez un formulaire pour annoncer votre projet). *RTSQ* vous guide vers d'autres organismes, résume, de façon un peu simpliste, le matériel requis pour se lancer dans un tel projet.

5 Les éditeurs scolaires

Bayard Presse

http://www.iloveenglish.com/demo/demo.htm

Le magazine *I love English* en ligne : ce site vous propose quelques démonstrations des activités disponibles pour ceux qui sont abonnés.

Vous trouverez une section enseignants qui fournit des pistes, des documents exploitables en classe, l'accès au Club enseignants avec des fiches pédagogiques, une médiathèque et des documents libres de droit ; une section élèves, qui explique comment et pourquoi s'abonner, les avantages à tirer d'un site interactif et la section parents qui renseigne ceux-ci sur le coût d'une heure de travail sur le site de l'éditeur. Les documents, à lire ou à entendre, sont renouvelés chaque mois. Vous aurez un tarif préférentiel si vous êtes déjà abonné au magazine.

Belin

http://www.editions-belin.com/

Les éditions Belin ont plusieurs cordes à leur arc, même si l'éducation reste leur pôle le plus important. Vous en saurez plus dans les pages de présentation. Une page Actualités vous propose un calendrier des manifestations, des conférences et débats avec les auteurs, ainsi que des prochaines parutions. Vous obtiendrez aussi des publications par catalogues et pourrez ainsi choisir par rubrique, ce qui facilite vos recherches. En entrant « anglais », la liste des ouvrages s'ouvrira, accompagnée d'un bref descriptif pour chacun d'entre eux. En activant le lien de chaque ouvrage on peut le commander en ligne.

Bordas

http://www.editions-bordas.com/

Après avoir cliqué sur « Catalogue », choisissez « Parascolaire » pour atteindre les langues. Le site est ouvert depuis quelques mois, la recherche est austère, lente et ne mène pas toujours à un résultat concluant. Pour trouver la référence qui vous intéresse, il faut passer par l'allemand, l'espagnol… À surveiller pour constater les améliorations.

Armand Colin

http://www.armand-colin.com/

En activant ce lien vous trouverez et cliquerez sur « catalogue général ». Vous pourrez ensuite effectuer différents types de recherche. Choisissez « Recherche par mot-clé » et entrez « anglais ». La liste des ouvrages s'affiche (collection universitaire essentiellement). On peut commander en ligne.

Delagrave

http://www.delagrave-edition.fr/

« Partageons les savoirs » : pour cela, rendez-vous sur le site clair et bien fait. Vous entrez sur le catalogue. Recherchez par catégorie, « collèges », « lycées », « multimédia »… puis ensuite par matière et vous obtiendrez un bref descriptif des ouvrages. Il suffit de se laisser guider par les indications. La commande en ligne est possible. Pour les anciennes parutions, cliquez sur le calendrier, pour celles à venir, cliquez sur nouveautés.

Didier

http://www.editions-didier.fr/

Le lien vous conduit directement au dossier consacré à l'anglais. Vous avez accès à tous les niveaux d'enseignement et aux différentes collections par le biais d'icônes. Navigation très aisée, site agréable à l'œil, description des produits, approches pédagogiques. Demande de documentation et contact e-mail, mais pas de commande en ligne.

Hachette

http://www.education.hachette-livre.fr/

Le département éducation de Hachette possède un site très important… mais bien compliqué. Pour faire une recherche avec le moteur, il faut être le plus précis possible sous peine de voir la recherche échouer. Le plus sûr : cliquer sur l'icône collège ou lycée, puis choisir la discipline et le niveau qui vous intéressent. Après avoir lu un bref descriptif des ouvrages, vous pourrez les commander en ligne.

Hatier

http://www.editions-hatier.fr/

Pour trouver les ouvrages d'anglais, cliquez sur Catalogue, puis sur les icônes correspondant au cycle : lycée, collège… Laissez-vous ensuite guider par la table des matières et vous pourrez activer les ouvrages sélectionnés qui vous dévoileront un bref descriptif. Une colonne référence et tarif, un lien vitrine qui permet d'ouvrir une nouvelle fenêtre et d'obtenir un descriptif plus complet de la collection.

Nathan

http://www.nathan.fr

Le site concernant le secondaire est en cours d'élaboration. Vous pouvez néanmoins déjà commander en ligne ou accéder au catalogue universitaire.

Nathan : Speakeasy Publications

http://www.speakeasy-mag.com/

Ce site permet à tous de découvrir le monde anglophone par le net grâce aux 5 magazines que propose l'éditeur. Si vous êtes abonné, vous aurez accès à *Easy Street*, *Easy Peasy*, *Easy Going*, *Take it Easy*, *Speakeasy*, *New Standpoints*, à des exercices de vocabulaire, des compréhensions de lecture, des jeux, des idées pour les enseignants.

Scholastic

http://www.link2english.com/english_index.asp

Les Magazines Mary Glasgow : *Kids Only, Click, Crown, Team, Club, Current.* Présentation très dynamique. Il est un peu difficile de maîtriser le déplacement de la souris sur l'écran au départ, mais on en trouve vite le bon fonctionnement, vous découvrirez alors les rubriques proposées : le *Teachers'Resource Centre* (il faut s'abonner pour y entrer), *Cool Zone (Games, Letter Zone…), Magazines* (cliquez sur celui de votre choix pour en obtenir le descriptif, très succinct).

6 Éditeurs de logiciels et de cdroms

De plus en plus de maisons d'édition présentent leurs produits sur le *web.* Vous trouverez ici quelques-uns d'entre-eux.

Alsyd

http://www.alsyd.com/

Ascola

http://www.ascola.fr/

Auralog
http://www.auralog.com/eng/index.htm

Chrysis
http://www.chrysis.com/

Cocktelvision
http://www.coktel.tm.fr/

Edulang
http://www.edulang.com

Edusoft
http://www.tlc-edusoft.fr/

Génération 5
http://www.generation5.fr/

Hachette
http://www.hachette-multimedia.fr/

Logi educ
http://www.logieduc.com/

Softissimo
http://www.softissimo.com/

Éditeur spécialisé dans les logiciels de traduction automatique *Reverso* et *WebView*, les dictionnaires électroniques *Collins* et *EuroDico*, les correcteurs Hugo 2000 et les logiciels d'apprentissage des langues Infolangue et *Quick English*. Démonstrations en téléchargement.

http://www.reflex-english.com/

Présentation de la série de cédérom *Reflex'English*, *Reflex'English Business*, avec 7 pages de tests à effectuer en ligne pour trouver le cdrom adéquat : débutant, intermédiaire, avancé, confirmé, structure des cours, vidéos, reconnaissance vocale… Il est regrettable que ne soit pas offerte la possibilité de tester en ligne quelques exemples de ces dernières. Disponible également en allemand.

http://www.grenoble.iufm.fr/departe/langues/cdgb/

Quelques cédéroms en anglais, analysés avec mordant par des professeurs stagiaires de l'IUFM de Grenoble. Parmi les cédéroms testés : *VOICEbook* de chez Hachette, *Tim 7* de chez Ubisoft Entertainment, *Who is Oscar Lake* de chez PLI…

http://www.ac-reims.fr/datice/anglais/cd.htm

Outil très utile pour les enseignants intéressés par l'acquisition de cdroms pédagogiques et dont la mise à jour est récente. C'est ainsi qu'à ce jour, 32 cdroms sont présentés : configuration recommandée, présentation du contenu en quelques lignes, parfois des éléments critiques. Quelques cdroms sont présentés : *Grammar Rom, Hello Kids, Planet Earth, Voyage in Great Britain, The Yellow M, World War Two.*

http://www.ac-bordeaux.fr/Pedagogie/Langues/Anglais/pedag/eng-log.htm#partype

Un grand nombre de logiciels d'anglais, classés par type de travail (apprentissage, travail autonome, grammaire, pratiques ciblées, travail audio/oral…), type de matériel (logiciels pour matériel ancien, matériel intermédiaire, logiciels version réseau…) avec fiche descriptive critique très détaillée. Outil très pratique pour faire son choix.

7 Enseigner à l'étranger

http://www.aefe.diplomatie.fr

Le site officiel de l'AEFE : Agence pour l'Enseignement Français à l'Étranger. Tous les renseignements nécessaires à celles et à ceux qui souhaitent enrichir leur expérience à l'étranger : les établissements scolaires, les conditions de recrutement, des conseils, et les organismes auprès desquels vous devrez déposer votre candidature.

http://www.education.gouv.fr/int/

Les programmes de coopération, d'échanges scolaires et universitaires, un reportage sur le programme « Leonardo » (programme d'action pour la formation professionnelle), programme d'échange d'assistants de langues, comment participer au programme PARCECO (conférenciers dans des séminaires ou écoles d'été en Europe). Ce site renseignera étudiants et enseignants qui souhaitent travailler « ailleurs ».

http://edufrance.org/AEFE/7persens.html

Qui peut postuler à un poste à l'étranger, quels types de postes sont proposés ? Les démarches à suivre sont multiples et parfois longues. Ce site donne un aperçu clair des formalités.

http://www.edufrance.org/

Site consacré à l'Éducation française à l'étranger, enseignement primaire et secondaire. L'après baccalauréat, les chercheurs français à l'étranger, la fédération des associations de parents d'élèves des établissements d'enseignement français à l'étranger, les académies (adresses des rectorats et vice-rectorats), agence pour l'enseignement français à l'étranger, sources d'information sur l'éducation...

8 Le ministère de l'Éducation nationale

http://www.education.gouv.fr/

Ministère de l'Éducation nationale (site officiel). Vous pourrez consulter sur ce site toute l'actualité du ministère de l'Éducation nationale : communiqués de presse, rapports, nominations, projets, état du système éducatif, informations sur les mutations, les inspections, les concours externes et internes des premier et second degrés, infos pratiques par académie sur les métiers de l'enseignement, l'orientation. Tous les B.O. de l'année sont également consultables, classés par année, par mois, par semaine. Les anciens B.O figurent dans les « archives » et il est actuellement possible de remonter jusqu'en 1998. À mettre en signet et à consulter très régulièrement.

9 Les Mutations

http://www.education.gouv.fr/personnel/siam/2000/presentb.htm

Site officiel du ministère de l'Éducation nationale. Le système d'information et d'aide pour les mutations SIAM est un site Internet consacré au mouvement des personnels enseignants, d'éducation et d'orientation du second degré. Vous y trouverez toutes les informations utiles pour élaborer vos demandes de mutation inter ou intra-académique et la possibilité d'accéder aux différentes fonctions : consultation de votre dossier et calcul de votre barème (mouvement inter et intra-académique), consultation des postes spécifiques vacants, estimation de vos chances de mutation, consultation des postes vacants (mouvement intra-académique), informations sur les postes, exigences particulières (PEP) de chaque académie, saisie de vos demandes pour le mouvement inter-académique, pour les affectations sur postes spécifiques, pour le mouvement intra-académique, consultation du barème retenu pour le projet de mouvement, consultation des résultats des mouvements.

http://www.education.gouv.fr/personnel/siam/2000/courrier.htm

Si vous rencontrez des difficultés pour vous connecter au serveur de l'académie et si vous souhaitez déposer votre candidature, vous pouvez vous reporter utilement au dispositif académique d'accueil téléphonique mis en place dans chaque académie. Pour poser vos questions relatives aux mutations vous pouvez adresser un mail en cliquant sur les adresses correspondant aux services mutations de chaque académie.

10 Orientation et Formation

CNED

http://www.cned.fr/

Le CNED a mis son catalogue en ligne mais également des cours – payants – dont on peut consulter quelques écrans. Utile : on y trouve les modalités des épreuves (exercices, durée, spécificités) de tous les concours. La mission principale du CNED : la formation à distance, de la scolarité élémentaire à l'enseignement supérieur « notamment au moyen de services interactifs, faisant notamment appel aux nouvelles techniques de l'information et de la communication ». Pour en savoir plus ou pour vous inscrire, consultez le guide ou envoyez un message.

Educnet

http://www.educnet.education.fr

Educnet est le site des technologies de l'information et de la communication pour l'enseignement. On y trouve l'actualité des nouvelles technologies, des dossiers pédagogiques, techniques ou juridiques, des innovations, des ressources multimédias, ainsi qu'un classement « primaire, collège, lycée ».

Educasource

http://www.educasource.education.fr/

Destiné aux enseignants comme aux parents, élèves ou éditeurs, Educasource commente des ressources électroniques sélectionnées pour leur intérêt dans l'enseignement. Deux entrées : sources d'informations et produits pédagogiques. La recherche de documents se fait par cycle, discipline et contenu pédagogique.

INRP

http://www.inrp.fr/

INRP, Institut national de recherche pédagogique : dans ce site, un nombre important d'informations concernant les enseignements sont disponibles. Impossible d'en faire le descriptif mais mérite d'être visité.

ONISEP

http://www.onisep.fr/

L'ONISEP est une référence en matière d'éducation. Premier éditeur public dans le domaine des métiers et de la formation, il compte à son catalogue des mini-guides, des fiches bac, des cahiers, des dossiers qui concernent les problèmes soulevés par la scolarité ou l'emploi.

Orientation

http://www.orientation.fr/

Ce service gratuit d'aide personnalisée à l'orientation scolaire suggère de déposer une question sur SOS orientation à laquelle des consultants répondront. Celle-ci figurera ensuite parmi les 2000 autres qui concernent débouchés, diplômes... Professeurs et étudiants y parlent des filières. Visiter en prenant son temps pour découvrir des tas de conseils ainsi qu'une base de données de plus de 800 établissements classés par formations, statuts et localisation.

Phosphore

http://www.phosphore.com/

La version *web* du magazine papier offre des pages jeunes, branchées, dynamiques. Destinée aux jeunes, elle peut aussi être utile aux professeurs auxquels on pose des questions concernant les filières après le bac, les facs ou écoles, stages et jobs.

11 Ressources éducatives

BBC World Service

http://www.bbc.co.uk/worldservice/learningenglish/index.shtml

Site officiel du *BBC World Service*: activités variées, quiz, jeux, cartes postales, une section sur la radio, le *Clubber's language*... Des ressources intéressantes sur l'art, la musique.

http://www.bbc.co.uk/worldservice/learningenglish/network/index.shtml

Le *BBC World Service* et Internet : comment ce dernier s'est-il développé, comment utiliser cette technologie nouvelle ? Beaucoup de réponses pertinentes sont apportées aux questions que vous vous posez sur le *web*, vous pouvez vous joindre à des forums de discussion et partager vos pratiques, expériences et idées. Si le vocabulaire de l'internaute confirmé vous rebute, un glossaire spécialisé est là pour vous aider à comprendre ce nouveau langage. Les thèmes développés sont nombreux et les articles intéressants. Hormis les chapitres techniques des développements intéressants sur l'avenir de ce nouvel outil, *Why Use Internet in Education, Futurology : what will happen next ?*

British Council

http://www.britcoun.org/index.htm

Le site du *British Council* qui se définit ainsi : *Our aim is to create enduring partnerships between British and other cultures and we do this by creating opportunities to connect with the latest skills, ideas and experience from the UK [...].* Le *British Council* est présent dans 110 pays, et propose des services allant de *English language teaching*, *Education and Training*, *Governance and Society*. Sur ce site, des informations concernant les études en Grande-Bretagne, également *Learn British Online* où l'on peut apprendre l'anglais en jouant et en écoutant des chansons. Une excellente référence.

ESL

http://www.aitech.ac.jp/~iteslj/ESL.html

Un site à ne manquer sous aucun prétexte ! Des dizaines de bonnes adresses sont ici regroupées pour permettre aux enseignants d'anglais de trouver idées et supports de cours. Vous y trouverez notamment les exercices de *ESL* dont nous vous avons détaillé quelques pages dans le chapitre jeux et exercices, les liens vers des organismes de promotion de la langue anglaise : le *British Council* et les examens de Cambridge, des sites qui vous offriront des pistes pour bien débuter vos recherches, des bibliothèques virtuelles, des adresses de dictionnaires électroniques, de jeux... Également les liens vers des grands quotidiens et hebdomadaires anglais, américains. Clair, utile et facile à utiliser.

European Schoolnet

http://www.fr.eun.org/eun.org2/eun/en/index.html

Pour la coopération entre pays européens dans le domaine de l'éducation ; il intéressera à la fois les chercheurs, les enseignants, les apprenants (offre des outils d'enseignement, des informations interactives...).

The Global School House

http://www.gsn.org/

The Global School House permet de trouver des idées, de coopérer avec des collègues sur des projets divers, d'avoir accès à des instruments de communication.

The Times Educational Supplement

http://www.tes.co.uk/

Vous pourrez librement consulter quelques articles de cet hebdomadaire (enseignement primaire, secondaire et supérieur, offres d'emplois), mais serez obligés de vous abonner pour les autres. JavaScript nécessaire. Le mensuel *TES Primary* propose aux enseignants des idées et des innovations. *TES Online* est un mensuel spécialisé dans la publication d'expériences d'enseignants, études de cas… Beaucoup d'autres types de *TES : Friday, TES College Manager, FE Focus, TES Curriculum Specials…*

12 Les séjours linguistiques

Les organismes de séjours linguistiques sont nombreux – difficile d'en dresser une liste exhaustive. Les sites suivants sont classés par ordre alphabétique, sans parti pris. Tous proposent des formules de séjours sensiblement similaires, à vous par la suite d'écouter les expériences de vos collègues pour faire votre choix…

ALCF

http://members.aol.com/alcfb3301/

American Field Service

http://www.afs-fr.org/

Cap Horizon

http://perso.wanadoo.fr/cap-iecs/

CEI : Club des 4 Vents

http://www.cei4vents.com/

CLC

http://www.clc.fr/

ECI

http://www.eci.asso.fr/sejours-linguistiques/

EF
http://www.ef.com/FR/agesplash.asp

MIJE
http://www.mije.com

Musica Linguae
http://musica-linguae.virtualave.net/

NACEL
http://www.nacel.fr/

OFACIL
http://www.ofacil.com/

Office National de Garantie des séjours et stages linguistiques
http://www.loffice.org/

SILC
http://www.silc.asso.fr/

Sports languages
http://www.sports-language.com/

UCRIF
http://www.ucrif.asso.fr/

UNSE
http://www.unse.org/

Vacances pour Tous
http://www.laligue.org/Actions/Vacances/vpt3.html

13 Les sorties et voyages scolaires

http://mailhost.ciep.fr/echange/reperes/notes.htm

Site officiel du CIEP. Textes, circulaires ayant pour objet les sorties scolaires et voyages collectifs d'élèves (organisation, modalités, responsabilités) ; association pour les échanges franco-américains, appariements d'établissements scolaires, échanges de classes. Ce site comporte également le B.O. complet dans le domaine des sorties scolaires à objectifs pédagogiques, l'équipe d'encadrement, les relations avec les familles, la sécurité, les assurances, les accompagnateurs bénévoles…

http://www.voyage-scolaire.com/

Des idées et conseils pour tous ceux – parents, enseignants, étudiants – qui veulent organiser un voyage à l'étranger (notamment en Grande-Bretagne et en Irlande) et qui veulent bénéficier de l'expérience de leurs congénères. Intéressant pour les nouveaux profs qui trouveront l'éphéméride des préparatifs au voyage dans la partie « Trucs et astuces ».

14 Les syndicats et associations d'enseignants

Principaux syndicats enseignants :

CGT

http://www.gnc.fne-cgt.fr/

FEN

http://www.fen.fr/

Fédération de l'Éducation Nationale.

FSU

http://www.fsu.fr/

Fédération Syndicale Unitaire.

Internationale de l'Éducation

http://www.ei-ie.org/

SAGES

http://www.le-sages.org/

Syndicat des Agrégés de l'Enseignement Supérieur.

Sgen-CFDT

http://www.sgen-cfdt.org/

Le Sgen-CFDT regroupe, dans la CFDT, tous les personnels de l'Éducation nationale, la Recherche publique, l'Enseignement agricole public, la Jeunesse et les Sports.

SNCEEL

http://snceel.scolanet.org/

Syndicat National des Chefs d'Etablissements d'Enseignement Libre.

SNEC-CFTC

http://assoc.wanadoo.fr/snec-cftc/

Syndicat National de l'Enseignement Chrétien.

SNEEP

http://www.multimania.com/sneepstrasbourg/

Syndicat National de l'Éducation et de l'Enseignement Professionnel.

SNES

http://www.snes.edu/

SNESUP

http://www.snesup.fr/

Syndicat National de l'Enseignement Supérieur, le syndicat de tous les enseignants du supérieur.

SNPDEN

http://www.snpden.org/

Syndicat National des Personnels de Direction de l'Éducation nationale.

SNUipp

http://www.snuipp.fr/

Syndicat National Unitaire des Instituteurs, Professeurs d'école et PEGC.

Syndicat des enseignants

http://www.syndicat-enseignants.org/

2

Le coin du prof

1 Cartes électroniques

http://216.117.160.236/cards/listing2.shtml

Service gratuit de cartes postales électroniques. Vous pourrez envoyer une carte pour chaque grande occasion ou fête : *Columbus Day, Father's Day, Valentine's Day, Groundhog Day, Friday 13th* et pour tous les autres jours de l'année puisque vous avez le choix entre des fleurs, paysages, oiseaux, animaux divers....

http://www.bluemountain.com/index.html

Les cartes de *Blue Mountain* se comptent par dizaines, voire même par centaines, humoristiques, animées, sérieuses, discrètes, vous en trouverez fort probablement une à envoyer quel que soit l'événement à fêter. Elles sont classées par mois, à commencer par le mois en cours, par thème : *Just for Fun, Stay in touch, Birthday, Encouragement, Events and Milestones, Comfort and support, Kids, Teens, Love, Family...*

2 Jeux et comptines

http://edweb.sdsu.edu/courses/edtec670/cardboard/board/b/darkagebritain/battleofdarkagebritain.html

Beaucoup des jeux de rôle expliqués doivent être adaptés à un public non parfaitement bilingue car ils sont destinés, en premier lieu, à des apprenants anglophones. Si certains paraissent difficilement utilisables en l'état, ils peuvent néanmoins donner des idées intéressantes quant à la progression, l'organisation (structure récurrente : *Instructional objective, learners, object of game, game materials, time required, the set up*). Un des auteurs cités, Michael McKean propose une *Battle of Dark Age Britain* dont l'objectif pédagogique est *to educate the players about the political and military environment of Dark Age (sixth century) Britain by allowing them to construct or reconstruct the political and military conflicts between Saxon, British (Welsh), and Irish petty kings.* L'auteur explique ensuite les règles du jeu, les enjeux, les différentes phases.

http://edweb.sdsu.edu/courses/edtec670/cardboard/Board/M/THEmagiccastle.html

Ann Adams présente quant à elle l'objectif de son jeu *The Magic Castle* (destiné en premier lieu à des étudiants hispanophones et/ou à de jeunes enfants anglophones) comme : *The objective of the game is to reinforce subtraction using a board game format.* Au lecteur donc d'adapter ce jeu à un public débutant en anglais.

http://www.rinkworks.com/brainfood/

Des centaines d'énigmes à résoudre, devinettes et problèmes de logique. Amusant mais en grande partie destiné à des anglicistes confirmés.
Le mot de l'auteur :
Give your mind a workout with a devious collection of puzzles. There are hundreds, ranging from word games to logic problems to riddles. Some are tricky. Some require innovation. All require thinking power. Good luck.
Un exemple parmi les plus faciles :
At a family reunion were the following people : one grandfather, one grandmother, two fathers, two mothers, four children, three grandchildren, one brother, two sisters, two sons, two daughters, one father-in-law, one mother-in-law, and one daughter-in-law. But not as many people attended as it sounds. How many were there, and who were they ?
Solution :
There were two little girls and a boy, their parents, and their father's parents, totaling seven people.

http://www.westegg.com/nash/

Longue liste de sympathiques poèmes de Odgen Nash, dont *The Ant, The Boy Who Laughed at Santa Claus,* exploitables en classe pour une compréhension de lecture ou une introduction à la poésie.

http://www.allmixedup.com/cgi-bin/hangman/hangman?atthtkl|0||

L'un des nombreux sites qui proposent des « pendus » interactifs. Le principe demeure le même, seul le dessin du pendu diffère.

http://www.eduplace.com/kids/index.html

Des jeux interactifs dont le plus utilisable pour les cours de langue reste le *Hangman*, les autres étant principalement des jeux « muets » et individuels.

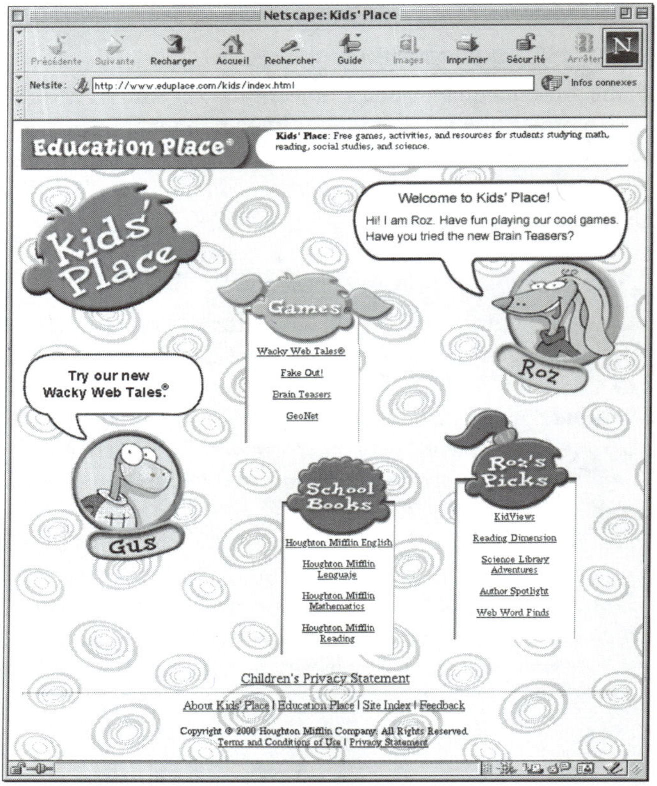

http://www.thepotters.com/puzzles.html

John's Word Search Puzzles. Nombreux puzzles non interactifs mais qu'il est possible d'imprimer. Les grilles de puzzles sont renouvelées assez fréquemment – l'auteur dit vouloir en ajouter 4 par mois – elles sont classées par niveau de difficulté et par thème. Pour les jeunes on trouvera ainsi des grilles sur les animaux, les couleurs, *Hallowe'en*…

http://www.clearlight.com/~vivi/xw/index.html

Online Crosswords : plusieurs sortes de mots croisés pour les petits et les grands avec des formes variées (Pyramide, en forme de « 98 ») et entre autres le premier type de mots croisés, inventé par Arthur Wynne et publié dans le *New York World Newspaper* le 21 décembre 1913.

http://www.superdeluxe.com/elemental/

The Periodic Table of Poetry. Une curiosité pour les anglicistes amateurs de chimie : des poèmes basés sur des éléments tels que : *oxygen, phosphorous, krypton*. À lire ou éventuellement à compléter, vous pouvez effectivement soumettre vos poèmes « chimiques » sur des éléments non encore utilisés.

http://puzzlemaker.school.discovery.com/

11 sortes de puzzles : *mazes, word search, word search with hidden message, computer generated mazes, criss-cross*… Lire attentivement le copyright (cliquez sur *licensing and copyright information*), très important pour pouvoir faire des copies des grilles en toute légalité.

http://www.geocities.com/HotSprings/3055/Ringers/R-index.html

Des puzzles de mots à partir d'images souvent très colorées. Sur la page *Rozie's Ringer Practice*, Rozie explique le fonctionnement des *Ringers*, certainement nouveaux pour grand nombre d'entre nous.

http://www.geocities.com/Athens/8136/tonguetwisters.html

Toujours drôles et dynamiques à exploiter en classe, les célèbres *Tongue Twisters*. Toute une liste de phrases sans queue ni tête pour la plupart, mais toutes difficiles voire impossibles à prononcer… Deux exemples savoureux : *The sixth sick sheik's sixth sheep's sick, Shy Shelly says she shall sew sheets*. Ces *tongue twisters* étaient à l'origine destinées à la thérapie du langage ou à un public souhaitant améliorer son accent anglais ou se débarrasser de son accent.

http://www.quass.com/dino/nextpage.htm

Des jeux bilingues en ligne dans le site *Café Brian* (proposés par Brian Quass), un américain de Virginie passionné de français : vous y trouverez des *crosswords, matching exercises, hangman* (sur les noms de Présidents des USA, des états américains…), des QCM et plein d'autres idées intéressantes. Vous pouvez apporter votre contribution à ce site en signalant à son auteur, si nécessaire, des fautes de français – grammaire et orthographe.

http://www.cnn.com/SEARCH/quiz/

Un quizz de CNN qui teste les niveaux plus avancés sur leurs connaissances de l'actualité mondiale ainsi que sur leur rapidité à répondre aux questions, posées sous forme de QCM. Amusant.

http://www.guetali.fr/home/ajorge/Anglais/jeux.htm

Quelques activités agréables et faciles à mettre en place en classe, expliquées (règles du jeu, matériel, objectif) : *Simon says, Back to the Board, Race to the board, Easy or Difficult, Play upon Words.*

http://www.ac-reims.fr/datice/anglais/respedago/jeux.htm

Site articulé autour de 3 points sur le thème des activités ludiques à pratiquer en classe d'anglais : intégrer des jeux dans les cours de langue, amener et aider les élèves à concevoir des jeux, les objectifs étant de renouveler et maintenir la motivation des jeunes, de leur apprendre à vivre ensemble et de respecter la parole de l'autre. Parmi les jeux proposés : *Bingo* lexical, mots à deviner par le biais de *yes/no questions*, morpion et des activités moins ludiques axées sur la grammaire. Les auteurs du site font en dernier lieu le bilan de leurs expériences : les points forts et les problèmes rencontrés, des solutions, des suggestions.

http://www.lapasserelle.com/lm/exercices/games.page.html

Tous niveaux, thèmes variés, de l'anglais médical à l'anglais informatique, des quiz en ligne pour les élèves et pour les enseignants qui veulent tester leurs connaissances et faire quelques révisions.

http://www.geocities.com/EnchantedForest/Fountain/2131/tiddlycontents.html

Joli site plébiscité par des enseignants et qui a obtenu un certain nombre de *Awards*: des jeux colorés, intelligents pour les plus jeunes, des puzzles, des activités de groupe, des compréhensions de lecture tout à fait abordables pour les 6e *(Meet the Jacobson Family)*. La dernière mise à jour est malheureusement un peu lointaine, donc à suivre.
Vous pourrez, ici :
http://www.geocities.com/EnchantedForest/Tower/2801/myval.html, imprimer un joli puzzle de mots ainsi qu'un poème traditionnel de Saint-Valentin à compléter.

http://members.tripod.com/~ESL4Kids/chants/alphabet.html

Une idée d'alphabet à réciter, avec possibilité d'adapter le vocabulaire au niveau des élèves. L'auteur conseille d'enseigner un ou deux sons par

séance, de varier les intonations, la rapidité, de demander à différents groupes d'élèves de réciter (élèves habillés en vert, en jeans...). Le rythme de chaque ligne reste le même pour chaque lettre, suivant l'exemple suivant (*Clap* signifie que la syllabe qui précède est accentuée) :
A [CLAP] says /a/ [CLAP] like ap-[CLAP] -ple.
A [CLAP] says /a/ [CLAP] /a/ [CLAP] /a/ [CLAP].
B says /b/ like baseball.
B says /b/ /b/ /b/.

http://expage.com/4poetry

Chansons, poèmes et une multitudes d'idées pour aider les enseignants. Impossible de tout lister et décrire ici, sachez que vous trouverez des pages sur des *nursery rhymes* (textes et pages à colorier). Dans la rubrique *Songs that teach* quelques jolis chants sur le *Groundhog*. Le chapitre *Poetry for middle and secondary students* vous mènera vers des liens destinés aux plus grands.

3 Exercices (orthographe, grammaire)

http://www.wsu.edu/~brians/errors/index.html

Liste impressionnante d'erreurs usuelles commises en langue anglaise, établie par Paul Brians, professeur d'université. Choisissez un mot dans la liste alphabétique et vous pourrez lire les mauvaises utilisations communément faites ainsi que l'usage correct du mot sélectionné.

http://www.wsu.edu/%7Ebrians/errors/errors.html

Liste importante d'erreurs de langue commises fréquemment en anglais, classées de A à Z, et, intéressante, la version juste de l'utilisation de ces mêmes expressions.

http://www.editions-hatier.fr/anglais_exercices/intro_koalas.html

Exercices d'anglais en ligne sur le site – d'utilisation aisée – des éditions Hatier.

Des exemples avec *The Koala's page*:
http ://www2.jps.net/~jpeng/Koala/koala.html où sont proposées 2 fiches pédagogiques (durée de travail élève sur chaque fiche évaluée à 1h30 par son auteur) avec choix du niveau : débutant/intermédiaire. Les fiches constituent un support utile pour les enseignants utilisateurs du manuel *Step in 3ᵉ* (unité 4 sur l'Australie) et proposent des exercices tels que grilles de compréhension de lecture, *right/wrong, match them up*, exercices à trous, activité sur l'observation des structures grammaticales mises en évidence dans le document pour permettre un travail d'induction des règles d'utilisation du prétérit et du *present perfect.*

http://www.cmsth.com/for_gene/Anglais.htm

Ce site propose un grand choix d'exercices interactifs de vocabulaire, grammaire, compréhension de lecture, tests avec corrigés, ainsi qu'un lien *Cyber Listening Lab.* Plusieurs niveaux d'exercices, certains sont abordables pour des débutants (conjugaison de *to be* et *to have).*

http://www.lapasserelle.com/lm/

Des tests de langue, de vocabulaire qui prennent des formes variées : *Hangman* pour l'anglais du business, des mots à remettre dans le bon ordre pour retrouver des citations célèbres, des textes à compléter, des parties d'expressions à rapprocher *(Literary connotations)*, des exercices d'orthographe, le tout avec correction.

http://www.odci.gov/cia/ciakids/geography/index.html

Site d'exercices testant les connaissances géographiques de toutes les régions de la planète : de l'Afrique à l'Antartique, en passant par l'Europe, le Moyen Orient et bien sûr l' Amérique du Nord, l'Australie, la Nouvelle-Zélande. Intéressant pour les élèves, ce site est également très instructif et amusant pour réactiver des connaissances parfois « endormies » et se tester !

http://www.geocities.com/scandro/esl6.html

The Quiz zone: 33 thèmes d'exercices vous sont proposés, certains conviendront aux débutants *(to be – to have)*, d'autres s'adressent à un public un peu plus confirmé (construction de questions notamment). Exercices bien conçus.

http://membre.megaquebec.net/mcloutier/

Beaucoup d'exercices grammaticaux utiles sur les pronoms, prépositions, les WH-, les adjectifs... Complet et pratique.

http://www.theenglishprofessor.com/

Site québécois très vaste dans lequel on trouve des exercices classés par niveau *(Level 1* et *Level 2)*, des jeux, des dictionnaires, des proverbes, des devinettes, des histoires.... À explorer.

http://www.esl-lab.com/

Laboratoire de langue en ligne, sur lequel sont proposés des exercices de conjugaisons, sur le vocabulaire, des chiffres et des nombres, les structures des questions, des exercices à trous etc. À noter, une section *Expressions,* et un *Grammar Rally*. Un moyen de se tester en s'amusant avec les *Crossword Puzzles* et *Hangman.*

http://www.angelfire.com/pq/pages/

Autre site québécois appartenant également à l' *ESL Quebec Ring* avec des exercices de toutes sortes, bien construits.

http://www.eslpartyland.com/

Site articulé en deux parties en fonction de la qualité du lecteur : l'une est destinée aux apprenants, l'autre aux enseignants. Les pages « apprenants » traitent de sujets de conversation variés : animaux, aventure, vie sociale, alimentation, cinéma, voyages... Les pages « enseignants » donnent des pistes concernant l'enseignement de la grammaire, la lecture, la rédaction, le vocabulaire. Elles proposent également des leçons d'étude de films avant, pendant et après visionnement : questionnaires avec thèmes de discussion, certains points de vocabulaire utilisés dans le film étudié, activités suggérées lors de l'écoute, conclusions... Deux des études proposées : *Vertigo* de Alfred Hitchcock, *Bonnie and Clyde* de Arthur Penn.

http://www.pacificnet.net/~sperling/quiz/

Vaste site proposant des quiz très variés qui permettent aux enseignants de se tester et de tester leurs élèves. Entre autres : histoire et géographie des USA, sciences (dinosaures, insectes), grammaire (noms dénombrables et indénombrables, prépositions, conjugaisons...), expressions idiomatiques, argot (expressions comprenant des noms d'animaux, argot australien...), culture générale, rédaction (ponctuation).

http://wilstar.com/holidays/thanksgv.htm

Testez vos connaissances sur la fête de *Thanksgiving :* un quiz comportant 10 questions, *Thanksgiving Word Puzzle.*

http://www.sentex.net/~mmcadams/spelling.html

Spelling test: test en ligne, avec score atteint et correction : 50 mots souvent mal orthographiés dont vous devrez retrouver l'orthographe correcte. *A priori* facile, mais très vite on en vient à douter de ses certitudes. Également une page de conseils.

4 Dictionnaires et traducteurs

http://www.m-w.com/dictionary.htm

Le célèbre dictionnaire *Webster*.

http://www.itools.com/research-it/

Un outil exceptionnel ! Sur *Language Tools* vous aurez accès au *Webster Dictionary*: tapez un mot, la définition apparaît. Site très structuré, facile à utiliser, qui vous guide vers des sites spécialisés sur la géographie, les outils des langues anglaise et française, les citations littéraires. Un véritable moteur de recherches à lui tout seul !

http://latl.inige.ch/

Pour le moins inattendu, ce dictionnaire *Dico Vox* qui ne se contente pas de traduire, mais fournit, à la demande, la prononciation du mot recherché : ce qui s'appelle « dictionnaire avec sortie vocale ». Un peu long à charger, mais peut être très utile. Traduit : français/anglais, anglais/français, allemand/anglais.

http://babelfish.altavista.com/translate.dyn

Alta Vista Translation Service.

Le traducteur et ses limites… La phrase test : « J'ai regardé un navet à la télé » donne inévitablement *I looked at a turnip with a tele*. Comprenne qui pourra ! ; « J'ai mangé un avocat tout cru » donne *I ate a lawyer very believed…* Amusant à tester car on aboutit logiquement à des traductions absurdes ou incompréhensibles, mais à utiliser avec modération. Peut s'avérer utile ponctuellement pour raviver un mot oublié, qui vous reviendra à l'esprit dès son apparition à l'écran.

http://www.freetranslation.com/

Ici les « phrases test » changent à nouveau : *I looked at a navet to the tele* pour l'une, *I ate a lawyer all believed one* pour l'autre.

http://sun-recomgen.univ-rennes1.fr/FR-Eng.html

On nous averti à l'entrée du site : pas de traduction de phrases ou groupes de mots.

http://wwli.com/translation/netglos/netglos.html

Explication et traduction en 8 langues de termes Internet.

http://www.yourdictionary.com/

Des dictionnaires en ligne pour plus de 200 langues ! La liste de dictionnaires de langue anglaise est très vaste, on a également accès à des dictionnaires spécialisés (Sports, éducation, droit…). Ce site offre aussi des liens vers des ressources grammaticales.

Traducteur technique

http://www.mouli-net.com/traducteur/

Utile pour traduire des notices techniques, des modes d'emploi.

5 Lexiques spécifiques

http://www.wolinskyweb.com/word.htm

Site centré sur le « monde des mots » : l'auteur répertorie environ 180 sites classés par ordre alphabétique, de *Acronym Finder* à *Yiddishkeit* en passant par *Anagram Hall of Fame,* the *Dictionary of Mountain Bike slang*. Chaque site est présenté brièvement, son URL clôturant le résumé. Un clic gauche de souris sur le titre vous transportera directement sur le site sélectionné. Le site « mère » semble être mis à jour régulièrement (la dernière date du 12 juin 2000) et procure donc une base de données assez fiable.

American English

http://www.aitech.ac.jp/~itesls/slang/

Dix-neuf pages d'argot américain sur lesquelles vous pouvez tester votre compréhension (les solutions sont données…).

http://www.sabram.com/site/slang.html

Le *Silicon Valley Slang :* la langue très localisée d'une profession, celle des ingénieurs et informaticiens œuvrant dans la Silicon Valley, qui s'étend autour de San José (Californie), au sud de San Francisco, le paradis des sociétés *high-tech*. Vous trouverez sur ce site un grand nombre d'expressions parfois très imagées et croustillantes : à vous de découvrir la signification des quelques exemples qui suivent : a *screen-saver face, prairie dogging, the farmer died, a two banana problem, a Barbie bird*... Nous avons testé, ces expressions sont bien comprises par les autochtones !

American/Canadian English

http://www.inter-play.com/translation/voc-ukus.htm

Vocabulaire américain, britannique et canadien mis en parallèle. Intéressant de constater combien les différences sont parfois énormes d'un pays à l'autre.

http://www.wmin.ac.uk/~sfgva/ukus/ukus_noframe.html

Un délice ! Plus de 200 mots et expressions utilisés très différemment en Grande-Bretagne et aux USA, avec les équivalences dans le contexte, des dialogues types et des exemples d'erreurs parfois très embarrassantes.... à des degrés variés. Drôle, et beaucoup d'entre vous connaîtront une sensation de vécu.

http://www.boston-online.com/glossary.html

Un site qui décrit l'anglais bostonien, l'accent, les expressions propres à cette région du Massachussets.

http://www.slanguage.com/

Comment parler anglais comme les autochtones de toutes les régions du monde anglophone ? Voyagez d'Anchorage à Hong Kong pour découvrir les expressions locales.

http://www.rootsweb.com/~genepool/amerispeak.htm

Amerispeak est une curiosité : des expressions américaines anciennes, juxtaposées aux expressions contemporaines, le tout classé par thème (*Food/Drinks, Kids, Emotions*...).

http://www.vex.net/~buff/slang.html

Lexique spécialisé dans le vocabulaire de Philip Marlowe, Sam Spade et Mike Hammer. Pour comprendre les *hardboiled detective stories* de David Goodis et Dashiell Hammett entièrement et dans le texte.

Australian English

http://members.tripod.com/~thisthat/slang.html

Australian English/Strine: liste alphabétique de mots et expressions typiquement australiennes.

Britishism

http://toronto.planeteer.com/~rsmith/phrases.htm

A crumpet eating a 99 is doing some shopping because there is no bumf left at home and her mucker wants some coffin nails. Cette suite de mots a bien un sens, à vous de le retrouver en naviguant sur le site de Richard Smith où sont rassemblés une multitude de mots et expressions britanniques.

English slang

http://www.peevish.co.uk/slang/

Dictionnaire d'argot britannique

Géographie

http://geography.about.com/science/geography/library/misc/blgg.htm

Internet et informatique

http://homer.span.ch/~spaw3355/index.html

Quelques termes Internet utiles.

http://www.can.ibm.com/francais/dico/

Dictionnaire de l'internaute, français/anglais.

http://whatis.com/

Autre dictionnaire informatique : abréviations et termes spécifiques à Internet.

Jeux Olympiques de Sydney

http://crete.argyro.net/lexique/liste4.cfm

Le vocabulaire des sports représentés aux jeux de Sydney.

Divers : abréviations, acronymes, éponymes, étymologie, noms propres

http://www.geocities.com/ikind_babel/babel/babel.html

L'auteur, ennuyé de ne pas comprendre toutes les abréviations et acronymes utilisés dans les magazines, brochures et autres catalogues commerciaux a décidé un jour d'établir un glossaire du monde informatique, multimédia, des communications, de la programmation, de l'Internet. Utile.

http://members.tripod.com/~foxdreamer/index.html

Liste d'éponymes assez complète et continuellement enrichie, explique l'origine de leur formation. Intéressant pour savoir que la fleur le dahlia tient son nom d'un botaniste suédois...

http://www.behindthename.com/

Le site *Behind the name* vous donnera l'étymologie et l'origine historique des prénoms : prénoms qui apparaissent dans l'Ancien et le Nouveau Testament, noms de Saints célèbres, noms germaniques et celtes, latins et grecs.

http://www.word-detective.com/

Encore un site amusant et instructif à la fois ! L'étymologie est une science inconnue pour vous, mais vous aimeriez bien trouver un explication rationnelle quant à l'origine de l'expression *It's raining cats and dogs* ? Après tout, pourquoi pleuvrait-il des chiens et des chats ? Les réponses sont incertaines, l'expression remonterait au XVIIe, voire au XVIIIe siècle ? Quant aux raisons même du choix des animaux en question, une première hypothèse avance que dans le nord de l'Angleterre, les chats symbolisaient la pluie, les chiens, le vent. Une seconde hypothèse, moins sympathique, viendrait du fait que lors de pluies particulièrement intenses, les gouttières débordaient, entraînant avec elles des animaux morts. La première version est plus agréable ! Des dizaines de mots et d'expressions sont ainsi décortiquées, pour notre plus grand plaisir. Que signifie *The Full Monty*, *Trenchcoat...* À vous de jouer à présent !

Le plus : si la signification d'un mot vous tracasse et que vous ne parvenez pas à en trouver l'origine, envoyez un message aux auteurs du site, ils effectueront la recherche pour vous, dans les meilleurs délais possibles...

6 Expressions

http://geocities.com/PicketFence/7608/index.html

Un grand nombre d'expressions populaires expliquées. Le plus : leur origine, datée ou replacée dans le contexte de l'époque.

http://www.rootsweb.com/~genepool/sayings.htm

Ye Olde English Sayings. L'origine d'expressions britanniques anciennes dont certaines sont utilisées dans la vie de tous les jours tels que *honeymoon, black market, saved by the Bell* découvertes par l'auteur du site lors de la visite de la maison de Anne Hathaway (Columbia, British Columbia).

http://utopia.knoware.nl/users/sybev/cliche/cliche.htm

Un autre site instructif et divertissant qui vous liste une multitude d'expressions « clichés » utilisées dans des contextes bien précis. Comment exprimer que l'on ne va pas très bien et que le moral n'est pas au beau fixe ? À vous de choisir l'expression qui vous sied le mieux entre les quelques exemples qui suivent : *Every cloud has a silver lining ; Midnight is where the day begins ; Life's not bad when you consider the alternative ; The sharper is the berry, the sweeter is the wine*. Les autres thèmes : *For when you can't make a decision, For when there is too much work....*

3

Internet à l'école primaire

De nombreux sites sont proposés aux professeurs des écoles : échanges de pratiques, jeux et chansons principalement. Les enseignants trouveront également dans les chapitres Renseignements Pratiques (Jeux et comptines), Australie, République d'Irlande, Royaume-Uni et U.S.A une multitude de sites intéressants, pertinents en premier lieu pour le secondaire, mais dont le contenu est exploitable pour des préparations d'animations de classe de civilisation, de visites touristiques, d'ateliers de coloriage ou de cuisine. Attention, pour la plupart de ces jeux, qui comportent des animations d'écran, vous aurez besoin de télécharger en ligne le logiciel *Shockwave,* qui vous est en général proposé – gratuitement – lorsque vous ouvrez une page qui le nécessite. C'est une manipulation très simple qui prend une dizaine de minutes et les instructions sont claires.

1 Sites académiques, ressources pédagogiques, échanges de pratiques

Académie Orléans-Tours

http://www.ac-orleans-tours.fr/anglais-liens/sitepedago/primaire/evalcm.htm

Proposition d'une mini-évaluation destinée aux enseignants de CM composée de deux parties : une évaluation pour le maître, une auto-évaluation imagée pour l'enfant.

Académie de Reims

http://www.ac-reims.fr/datice/anglais/respedago/cm26.htm

Une page construite par des enseignants de Saint-Dizier sur le thème du passage du CM2 à la 6e : objectifs, bilan, expérimentation, conseils, fiche technique.

Académie de Toulouse

http://www.ac-toulouse.fr/anglais/ecole1.html

La page, intitulée « Pour un suivi de l'apprentissage des langues entre école et collège », développe le thème de la nécessité, pour les maîtres, professeurs des écoles et professeurs de collège d'effectuer un travail conjoint. Les auteurs du site présentent donc les réflexions du groupe de pilotage des langues de l'académie de Toulouse, affirment la nécessité d'opérer un suivi entre école et collège : il s'agit de tenir compte des acquis de l'école pour que les enfants en 6e n'aient pas la sensation de tout recommencer à zéro. Un outil de suivi doit être mis en place et faire apparaître, dans les deux volets qui le composent, un tableau de bord (Qu'est-ce que l'enfant a appris à l'école ?), un test d'évaluation (Que maîtrise l'enfant dans les compétences « compréhension de l'oral, et expression orale » ?). Deux outils, expérimentés dans le Gers sont proposés en téléchargement (format RTF) – gracieusement, car imprimables et utilisables. Si vous y voyez des modifications à apporter, n'hésitez surtout pas à envoyer vos suggestions ou critiques à l'IA-IPR, coordinateur académique, M. Jambin, à l'adresse qui suit : ajambin@ac-toulouse.fr,

BBC

http://www.bbc.co.uk/plsql/education/webguide/pkg_main.p_home

La BBC propose ici un moteur de recherche qui conviendra parfaitement aux jeunes et aux enseignants. Dirigez-vous vers la tranche d'âge qui vous concerne, vous obtiendrez une liste de sites intéressants suivis d'un descriptif.

CIEP

http://www.ciep.fr/doc/biblio/prec.htm

Ce site constitue une mine précieuse de renseignements pour tous ceux qui souhaitent se documenter sur l'enseignement précoce des langues. Vous y trouverez une bibliographie très importante d'articles, revues, études, publications des institutions européennes.

CNDP

http://www.cndp.fr/moteurrech/

Un autre outil très pratique vous est proposé par le CNDP : le service de recherche sur l'Internet éducatif français. Recherche par mots clefs.

Educasource

http://www.educasource.education.fr/

Un service ressources du CNDP : recherche de produits pédagogiques, de sources d'information. Vous pouvez effectuer votre recherche en entrant des mots-clés ou en choisissant l'une des catégories thématiques proposées (Arts, Loisirs, Sports, Langages, Mathématiques...). Un outil pratique.

Éducation nationale, B.O

http://www.education.gouv.fr/prim/default.htm

Le site officiel de l'Éducation nationale : programmes de l'enseignement primaire, des rubriques sur l'utilisation du multimédia à l'école, et accès au B.O. : http://www.education.gouv.fr/bo/default.htm.

http://www.enseignants-du-primaire.org/Anglais/CadreA.htm

L'objectif de ce site est de développer le partage des pratiques pédagogiques, d'aider les jeunes professeurs à organiser des activités de classe. L'auteur, qu'il est possible de contacter par mail (ajorge@guetali.fr) leur offre ici des pistes, des exemples de démarches et des idées pour animer la classe. Les principales rubriques qu'il propose sont à la fois pédagogiques et ludiques : des exemples de cours, modèles de fiches pédagogiques, objectifs, une liste de prénoms anglais à donner à ses élèves, un fichier d'images et toute une série de jeux faciles à mettre en place. N'oubliez pas d'envoyer vos commentaires ainsi que vos trouvailles pour étoffer encore plus ce site qui foisonne d'idées.

Les petits loustics d'Europe

http://loustics.europe.free.fr/

Accueil sur la musique de Frère Jacques. Principe du projet : permettre aux enfants de moins de 6 ans (scolarisés dans des écoles maternelles) vivant dans différents pays d'Europe, de mieux se connaître à travers l'exploitation de thèmes communs à tous (fêtes, saisons, ...) déclinés à travers une galerie d'art (dessins, textes, sons, ...) ; de trouver un moyen ludique et efficace de s'approprier l'outil Internet et de commencer à toucher du doigt le concept de « citoyenneté européenne ».

http://www.multimania.com/scalpa98/index.htm

La présentation des objectifs est ainsi définie par ses auteurs : « Ce site est destiné à tous les enseignants des écoles primaires qui ont la charge de l'enseignement de l'anglais dans leur classe. Vous trouverez ici des préparations concrètes de séquences, utilisables avec les cassettes de

"CE.1 sans frontière" fournies par le ministère ». Les préparations de séquences, sont réparties en 16 unités. Les compétences linguistiques mises en œuvre dans l'unité 1 par exemple, sont « se saluer, se présenter, demander son nom à quelqu'un ». Toutes les étapes et les besoins inhérents à l'activité sont exposés en détails, des dessins imprimables vous sont également proposés. D'autres liens hypertextes vous mèneront vers les textes officiels concernant l'enseignement précoce des langues, vers « les sons de la langue anglaise » pages sur lesquelles vous seront expliquées clairement les démarches à suivre pour télécharger le fichier : vous y trouverez l'API (l'alphabet phonétique international) et pourrez écouter la prononciation des sons anglais. Un outil de travail très pertinent.

http://perso.wanadoo.fr/aeroport.primaire/langues.html

Deux enseignants de Bourges, Martine Kervran et Laurent Delaume présentent un site destiné à « favoriser la cohésion des apprentissages de langues étrangères à l'école. » Ils vous proposent des rubriques sur l'actualité des langues à l'école primaire (notamment l'utilisation d'Internet, amenée à se développer), sur les sites personnels ou académiques qui offrent des banques d'images très utiles pour animer les activités de classe (*flashcards* par exemple) et les auteurs vous conseillent pour les imprimer dans les meilleures conditions ; des fiches pédagogiques – succinctes – (le Royaume-Uni, *Easter, Pancake Day*, traditions de Noël) et également un nombre de liens important vers des sites relatifs à l'enseignement de l'anglais au primaire. Le site doit être complété – en particulier les fiches pédagogiques – donc à consulter régulièrement.

http://school.discovery.com/clipart/index.html

Très utile pour fabriquer des *flashcards* ou des panneaux d'images, surtout lorsque l'on est un peu maladroit de ses mains ! Grâce au *clipart* de ce site, que vous pourrez enregistrer sur votre disque dur, vous aurez à votre disposition des centaines d'images fixes ou animées sur les thèmes suivants : *Letters and Numbers, Special Events, Art, Logos and Mascots, Sports, Food, Music, Fun and Games, Science…*

http://users.skynet.be/providence/vocabulaire/anglais/menu.htm

Ce site est incontournable ! Pour évaluer les acquis lexicaux de vos élèves, rendez vous dans les différentes rubriques listées (Aliments, Architecture, Couleurs, Saisons, Jours, Mois…) et choisissez une fiche parmi les dizaines disponibles. Vous trouverez des images accompagnées d'un rectangle qui propose plusieurs réponses dont une seule est la bonne. À la fin de la fiche, votre score est mentionné.

http://www.beritsbest.com/

Excellent site qui en présente une multitude d'autres spécialement conçus pour les enfants sur des thèmes très variés, dont les vacances, les fêtes et traditions… Sur le thème choisi vous pourrez effectuer votre sélection parmi plusieurs sites, présentés ainsi : capture d'écran (format réduit de la page d'accueil du site) et résumé critique du site, noté de 1 (le moins bon) à 5 (excellent). Un outil très précieux que vous serez certainement amené à consulter souvent.

http://kidsfun.co.uk/

Un site pour les enfants, en partie fait par des enfants. Dans les *Readers Pages*, vous pourrez lire des pages écrites par des enfants : photo, présentation de l'enfant (physique, caractère) et de sa famille. Anglais d'un niveau très simple que les plus grands pourront comprendre. Dans *Other Stuff* puis *Hand Shadows*, des ombres chinoises expliquées en anglais. Quelques idées à exploiter.

http://members.tripod.com/~ESL4Kids/main.html

Outil de recherche pratique : sélectionnez le thème qui vous intéresse, vous serez menés rapidement à la page concernée. La rubrique *Games* vous conduira vers une bibliographie de livres sur les jeux, de chez *Barnes and Noble* (vous pouvez commander en ligne…), *Songs* où vous lirez les paroles des chansons choisies ; *Recipes (for your own Art Supplies)* vous donnera des idées d'activités manuelles à pratiquer en classe.

2 Cartes électroniques et coloriages

http://www.lionking.org/postcard/

Cartes électroniques à envoyer gratuitement. Amusant pour les enfants de s'envoyer des cartes de poste à poste si vos postes sont installés en réseau. Non seulement vous avez le choix entre 16 cartes du dessin animé, mais celles-ci peuvent être accompagnées de 16 musiques différentes.

http://www.searsportrait.com/cards/thanksgiving.html

Cartes électroniques à envoyer en novembre pour fêter *Thanksgiving*.

http://www.halloweenkids.com/

Happy Hallowe'en : Send Ghost Cards !

http://www.dltk-kids.com/coloring.htm

Énorme site qui regroupe environ 400 pages à imprimer et colorier. Vous y trouverez sans aucun doute de quoi animer des séances de coloriage en anglais. Parmi les thèmes illustrés : *Alphabet Coloring Pages, Animal, Autumn, Farm animal, Hallowe'en, Pokemon, Pet Animal, Insects, Scooby Doo, Teletubbies, Transportation, United States, Thanksgiving, Winnie the Pooh...*

http://www.billybear4kids.com/post/office.htm

Très joli site qui vous permettra d'animer des ateliers écriture. Des cartes toutes prêtes à l'emploi sont disponibles pour toutes les occasions : imprimez-les, les enfants pourront les colorier, les compléter avec un texte de leur choix, ou imprimer des cartes avec le texte prérédigé. Pour les plus grands, vous avez le choix entre un grand nombre de papiers à lettres à imprimer.

http://www.billybear4kids.com/holidays/valentin/fun.htm

Une des pages du site précédemment décrit sur la Saint-Valentin. Des cartes toutes de rose décorées, à imprimer et à envoyer.

http://www.geocities.com/Heartland/7134/Christmas/chrcards.htm

Quatre cartes de Noël à imprimer et colorier.

http://niteowl.org/kids/hpdcolor.html

Site qui associe 48 *nursery rhymes* et des pages de coloriage qu'il est possible d'imprimer. Parmi les comptines proposées, les célèbres *Hickory Dickory Dock, Little Jack Horner, Humpty Dumpty, All Around the Mulberry Bush.*

3 Dessins animés

Lion King

http://www.lionking.org/postcard/

Le site personnel d'un fan du *Lion King*. Pour habituer les enfants à entendre parler anglais, à voir des films en v.o., vous pouvez commencer par leur montrer des clips et extraits du film, en anglais. La page Video Clips est bien conçue car elle indique le format du clip, et le programme dont vous aurez besoin pour le visionner. Si vous voulez tester rapidement l'intérêt de ces clips, il vous suffit de sélectionner *Streaming KT4* : le clip sera de moins bonne qualité. Comptez environ 5 minutes pour charger le fichier. Les chansons sont aussi disponibles, ainsi des extraits des dialogues, des dizaines de morceaux dans leur intégralité, le script du film, les paroles des chansons. Un incontournable.

Winnie the Pooh

http://www.penguinputnam.com/yreaders/pooh/winnie.htm

Le site officiel de l'éditeur du célèbre *Winnie the Pooh*. Présentation de l'auteur et des livres.

Winnie the Pooh

http://members.nbci.com/yoarra/

Site non officiel sur lequel vous trouverez des pages de *Winnie the Pooh* à colorier, des cartes électroniques à envoyer, des jeux en ligne ou à imprimer, des chansons à télécharger, des images des différents héros à la Saint-Valentin, à Pâques, à Noël…Également les histoires de Winnie à télécharger (textes en anglais).

http://www.4kids.com/4kidshome.html

Une multitude de dessins animés sont répertoriés sur ce site dynamique et très complet : des activités à pratiquer en ligne, des documents sur les animaux.

4 Jeux et activités

http://expage.com/page/learninggames

Énorme outil de recherche qui liste des sites de jeux destinés aux enfants.

http://www.boowakwala.com/

Superbe site pour les plus jeunes, jusqu'à 10 ans environ. Boowa et Kwala, leurs héros, les accompagneront au fil des aventures présentées : des jeux interactifs de bonne qualité (puzzles de pièces à assembler, labyrinthes...), des chansons simples (*Hallowe'en, Happy Birthday, Daddy's song*...), des cartes animées spécialement conçues pour les enfants pour des occasions diverses, comme *Father's day, Mother's Day, Birthday, Easter.* Intelligent et divertissant, le puzzle à construire en ligne : jolis dessins sur le thème de Hallowe'en, un moyen ludique et agréable d'apprendre aux plus jeunes à se servir de la souris de l'ordinateur. À découvrir absolument.

http://www.littleexplorers.com/Home.html

Little Explorers : à la fois dictionnaire en images et encyclopédie pour les plus jeunes. Ce site est gigantesque, à l'image des animaux préhistoriques qu'il présente en détails. Cliquez sur *Zoom Dinosaurs* et vous serez transportés quelques millions d'années en arrière. Les dessins des animaux sont imprimables, vous en trouverez en noir et blanc et en couleur, certains animés, d'autres fixes. Le *Chasmosaurus* vous intéresse tout particulièrement ? Pas de problème, en cliquant sur l'image vous pourrez découvrir votre préféré en version noir et blanc, plus simple à imprimer, avec le vocabulaire anglais correspondant aux différentes parties de l'animal. Instructif, amusant et bien utile pour motiver l'apprentissage d'une langue. Les mythes concernant ces énormes animaux sont aussi consultables dans la rubrique *Dinausor Myths*, vous pouvez aussi tout connaître en détail sur leur comportement, durée de vie, alimentation, pression sanguine, lieux de découverte des fossiles... et ce n'est pas tout ! Vous trouverez la même mine de renseignements en ce qui concerne les *Butterflies, Whales, Birds, Sharks, Astronomy, Rainforest*; et du côté humain, les inventeurs et leurs inventions, les explorateurs et leurs découvertes, du portugais Albuquerque à l'anglais Weddell. Les ressources de ce site ne s'arrêtent pas là, les *Classroom Activities*, classées par *Grades (grades 2-3)* vous proposent une multitude d'activités, en anglais, mais qu'il est possible d'adapter à de jeunes apprenants francophones sans aucun problème. Aux plus bricoleurs d'entre vous, la rubrique *Kinder Crafts*

donnera des idées d'objets à fabriquer avec leurs élèves : *Papier Maché Globe, Paper Frog Puppet, Magnificent Masks, Hanging Japanese Fish, Alphabet Book...* Et aussi, pour les *Preschoolers, des Nursery Rhymes* à lire, imprimer, colorier. Également une rubrique *Bird Jokes.*
En dernier lieu, sachez que vous pourrez également consulter le dictionnaire en images français/anglais.
Ouf ! nous avons tenté de résumer les immenses ressources du site des *Little Explorers*, infinies... Vous l'aurez deviné... nous avons adoré ce site, pour son intérêt pédagogique, mais aussi pour son esthétisme.

http://www2.arkansas.net/~mom/bonnie.html

Coloriages, jeux avec les mots, avec les images (puzzles), chansons : un autre site tout à fait exploitable à l'école primaire. Dans la rubrique *Play with pictures*, les enfants peuvent jouer aux artistes en habillant par exemple le père Noël *(Build a snowman)* à l'aide de la souris. Utile donc pour allier découverte de la langue anglaise, prise en main de l'ordinateur et plaisir.

http://db.ok.bc.ca/summer/

Des idées d'activités pour occuper les enfants ailleurs que devant un écran de télévision tout en utilisant l'anglais : jeux en intérieur et extérieur, recettes de cuisines spéciales enfants, bricolage...

http://www.gameskidsplay.net/

Ce site regorge d'idées sympathiques, dont les *Jump Rope Rhymes, Hand Clapping Games* qui vous permettent de familiariser les enfants avec la prononciation anglaise par le biais de phrases amusantes que l'on peut rythmer en claquant des mains, comme par exemple :
A sailor went to sea, sea, sea.
To see what he could see, see, see.
But all that he could see, see, see.
Was the bottom of the deep blue sea, sea, sea.
Impossible de dresser une liste exhaustive de toutes les activités proposées, sachez néanmoins que certaines peuvent s'adresser à des élèves de 6e.

http://members.aol.com/MrsGoudie/ReadySetGo.html#Fun and Games/

Plusieurs rubriques sont ici proposées, cliquez sur *Fun and Games* pour atteindre la longue liste des jeux et activités. Certains jeux sont abordables pour les enfants de l'école primaire, la langue anglaise étant souvent secondaire. Nous avons apprécié *Ice Going* pour l'animation, les couleurs et les dessins. Vous trouverez aussi un *Christmas Coloring Book*: à vous de choisir la scène, de la colorier à l'écran (non imprimable).

http://www.concentric.net/~Gamba/

Des chansons – paroles, musiques, parfois même partitions – sur des thèmes très variés : *Martin Luther King, Wash Your Hands, Don't Drop that Paper down, Bunny by the Woods….*

http://school.discovery.com/cybersurfari/

Chasse au trésor interactive. Vous devez vous inscrire – gratuitement – pour participer au jeu ; très jolis dessins. Les auteurs présentent ainsi leur site : *Internet treasure hunt provides parents, teachers and students with a free, fun, safe and educational way to explore hand-picked destinations throughout the Internet. The object of the game is to find and submit as many treasure codes as possible ; 132 in all. The more clues you solve, the better your chances of winning prizes. No matter your age (3-93) or skill level, you can play, learn and win !*

http://www.cartooncorner.com/

Excellent site pour les enfants et aussi pour les enseignants. si vous éprouvez quelques difficultés à dessiner des visages expressifs, courez vers ce site et les leçons de l'auteur : pas à pas, en partant de la forme du visage, vous apprendrez à rendre expressive une simple forme ovale. Une leçon d'art très, très pratique. Également des histoires amusantes dont certaines peuvent être imprimées et des petits textes, exploitables avec les plus grands.

http://perso.club-internet.fr/jyrh/greenbridge/

Visite virtuelle en dessins du village de Greenbridge : pour apprendre à lire des consignes simples, dans le pub, apprendre les noms de professions, chez le boucher, identifier les cris d'animaux…en anglais, jeu de mémoire chez l'épicier… Amusant.

http://perso.wanadoo.fr/meursac17/CM/meunanglais/menuanglaisindex.htm

Quelques jeux inventés par des élèves de CM1 et CM2 de l'école de Meursac, en format ZIP : jeux sur les animaux, les couleurs, les nombres, le vocabulaire.

http://www.missdorothy.com/

Sympathique et dynamique site de Miss Dorothy, l'ado reine de cet espace destiné aux jeunes : des jeux, un roman – trois fois par semaine (les lundi, mercredi et vendredi vous lirez la suite des aventures de Miss Dorothy), la page présentation de ses amis, des puzzles, son journal intime. Pour les plus grands.

http://www.pbs.org/kids/noddy/

Le site officiel des aventures de *Noddy*, traduit en français par « Oui-Oui ». Des jeux, des pistes de travail pour les parents et enseignants, le coin des jeux et de la lecture. Si le *Noddy's Memory Patch* est un peu long à charger, le jeu est amusant pour les plus jeunes, et aide à la prise en main de la souris. Des pages de coloriage, des labyrinthes à télécharger.

http://www.pbs.org/kids/index.html

Ce site regroupe les personnages préférés des enfants : Arthur, Barney, les Teletubbies… et pour chacun vous aurez accès à un multitude de jeux, sur le modèle de *Noddy*, puisque ce site en est le site « mère ». À partir de celui-ci, des pages de coloriages, certaines imprimables : http://www.pbs.org/wgbh/lions/printables/index.html

Hallowe'en

http://www.ac-amiens.fr/ecole80/ecole_nurlu/halloween.htm

Accueil musical pour un site créé par l'école de Nurlu sur le thème de *Hallowe'en*: présentation de la fête et des activités pour la célébrer à l'école. Dans la deuxième partie, des conseils et des idées pour fabriquer votre lanterne, des masques, un *Pumpkin Bread*. Petit site qui doit donner envie de fabriquer le sien. Une critique : la musique peu adaptée à la tradition.

Noël

http://www.primenet.com/~kringle/coloring.html

Voici un bien joli site qui vous propose des pages sur le thème de Noël à imprimer et colorier. Au total 20 images de *Rudolf the Red Nose Reindeer, Santa Claus* que vous pourrez agrandir en cliquant sous l'image choisie.

http://rememberjosie.org/carols/

Ce site est une mine d'or pour les enseignants chanteurs ou musiciens : vous trouverez les partitions de 106 chants de Noël, les *Christmas Carols : Jingle Bells, O Holy Night, A Child is born in Bethlehem.* Le plus : la majorité de ces chants peuvent être écoutés en ligne.

http://www.primenet.com/~kringle/themes.html

À utiliser avec prudence et uniquement par des utilisateurs avertis en informatique. Vous pourrez ici télécharger des petits programmes qui provoquent parfois des réactions inattendues de la part de votre ordinateur. À moins d'être capable de réparer quelques fausses manœuvres et mauvaises manipulations, ne pas s'y aventurer. Les autres pourront tirer parti de quelques gadgets amusants, comme modifier les curseurs et les icônes de son PC en remplaçant celles existantes par des objets de Noël : remplacez la corbeille par un bas rouge, le curseur par un sucre d'orge, le poste de travail par un sapin décoré, des musiques d'accueil ou qui vous signalent des erreurs. Amusant pour accorder votre salle informatique à l'ambiance du moment ! Il existe plusieurs types de fichiers d'icônes à charger, à vous de les tester… prudemment.

http://www.library.ipswich.qld.gov.au/resource/kids/mm/1-9/reindeer.htm

Jeu sur les rennes du Père Noël. Au fait ! Connaissez-vous bien les noms de tous les rennes qui tirent le traîneau ?

4

L'Australie

1 Littérature, art et musique

Littérature : sites généralistes

http://www.acn.net.au/resources/pathfinders/lit_path.htm

Grâce au *Aus Path Finder* le site du *Australia's Culture Network* procure une source précieuse d'informations dans le domaine littéraire : présentation d'auteurs australiens et de leurs ouvrages, bien souvent méconnus en Europe. Le moteur de recherche interne au site permet de se diriger vers plus de 1500 sites *web* spécialisés dans la culture et la littérature australiennes. Les rubriques proposées dans le cadre de gauche permettent également de se documenter sur l'histoire, la musique, la télévision et les sciences. Un outil de travail à conserver à tout prix dans ses « Favoris » ou *bookmarks*.

http://www.otheredge.com.au/aa/

Aurora Australis est un portail ouvert sur la littérature australienne contemporaine : écrivains, quelques résumés de livres. Parmi les auteurs cités : *Peter Carey, Helen Garner, Elizabeth Jolley, Robert Drewe, Marion Halligan, Robert Dessaix, Brian Castro, Carmel Bird, Richard Flanagan, David Foster, Marele Day, Delia Falconer, Roberta Sykes*. Vous pouvez si vous le souhaitez envoyer un message au *webmaster* pour toute requête littéraire.

http://www.arts.monash.edu.au/ncas/multimedia/argo/ribbon.html

Comment utiliser *ARGO*? Ce site est énorme et fort heureusement organisé autour de plusieurs rubriques, faciles à utiliser. Beaucoup de liens hypertextes vous conduiront vers d'autres sites. L'ouvrage de référence est ici le *Monash Biographical Dictionary of Twentieth Century Australia*. Les thèmes abordés sur ce site dépassent largement la littérature puisque vous pourrez consulter des pages pertinentes sur *History and Heritage, Australia Today* (articles sur *Secularisation, Aboriginal Reconciliation, the Growing Extremes of Wealth and Poverty…)*. Également un outil très utile.

http://dargo.vicnet.net.au/ozlit/results.cfm

Les auteurs australiens y sont présentés par ordre alphabétique, puis par thèmes (biographies, bibliographies).

Musique : site généraliste

http://www.theear.com.au/

Grâce à *The Ear Online* vous serez en mesure de renforcer vos connaissances en matière de musique australienne : les liens foisonnent et vous mèneront vers plus de *1,900 links to music sites […]. For example, you can search through 664 mainly Australian artists, bands and composers, learn from 377 different lessons and information sites, contact 196 different music organizations and associations, find 82 festivals around Australia and find 82 links to the best sheet music around […] If you want to find out where to study music in Australia, we have 49 entries to connect you directly with the music school, university or conservatorium of your choice.* Tout un programme…

Bush Music

http://wollongong.starway.net.au/~gsmurray/

Le site du *Wongawilli Band & Wongawilli Colonial Dance Club,* dont l'objectif est *to preserve, promote and perform Australia's tradition and heritage of music, song, dance, poetry and yarnspinning.* Le résultat est convaincant : vous pourrez découvrir la *Bush Music* et les instruments utilisés, écouter quelques airs, des extraits de disques, et même commander des CD en ligne.

Musique folklorique

http://crixa.com/muse/songnet/

Les paroles de plus de 100 chansons appartenant au folklore australien sont rassemblées sur ce site : vous pourrez y lire les textes, témoignages de l'histoire des premiers arrivants, accompagnés de commentaires, écouter les airs en ligne, en version MIDI. Les titres sont évocateurs : *A Thousand Miles Away, Across the Western Plains, Botany Bay, Broken Down Lady…*

Peu de sites pertinents dans le domaine du pop rock, vous devrez, à partir d'un moteur de recherches australien, chercher par nom d'auteur ou de groupe.

2 Gouvernement, institutions politiques, éducation

Gouvernement et institutions

http://www.fed.gov.au/

Toutes les informations relatives au gouvernement australien et aux gouvernements des provinces sont consultables sur ce site officiel, très pratique, complet et clair. Vous pourrez y entendre le Premier ministre actuel, John Howard, écouter des discours (*Real Player* est nécessaire), lire la constitution. Et bien sûr des liens vous mèneront vers les différents ministères du gouvernement. Essentiel.

http://www.aph.gov.au/library/intguide/pol/polparti.htm

Les partis politiques en Australie et en Nouvelle-Zélande. Trop nombreux à lister ici, plus de 60 liens sont répertoriés pour l'Australie, 12 pour la Nouvelle-Zélande.

Système éducatif

http://www.edna.edu.au/

L'éducation en Australie en détails : entre autres, des pages sur *Educational Institutions, Higher Education, School Education, Vocational Education and Training, Projects (Suggest a Project, Projects and Resources, Project Partners)* et possibilité de se joindre à des forums de discussion.

3 Histoire et légendes

Sites généralistes

http://www.jcu.edu.au/aff/history/

Ce journal électronique présente des articles sur l'histoire de la Nouvelle-Zélande et de l'Australie. Austère mais bien documenté pour ceux et celles qui souhaitent en connaître l'histoire plus en profondeur. Ce site a été crée à l'initiative de la *James Cook University of North Queensland*. En construction, alors à suivre de près.

http://www.foundingdocs.gov.au/

Une quantité impressionnante de documents illustrant la création de l'Australie, territoire par territoire. Après être entré dans le site, cliquez sur la région qui vous intéresse et vous trouverez des dizaines de textes disponibles en version RTF, PDF ou Word 6. Pour les territoires du nord, documents sur *Aboriginal land rights*, dans *Western Australia, Ordinance enabling transportation of convicts to Western Australia 29 December 1849*, dans *South Australia, Pitjantjatjara Land Rights Act 1981*… Également une ligne du temps pour avoir une vue générale de l'histoire australienne, et un album de photos nommé *Commonwealth Photo Album*.

http://www.naa.gov.au/

Site des *National Archives of Australia*: les renseignements sur l'histoire de l'Australie (transports, immigrants…) y sont nombreux et vous aurez la possibilité de contacter cet organisme pour vos recherches, professionnelles ou personnelles.

http://www.users.bigpond.com/narrabeen/feltonmathew/index.htm

Le journal intime de Felton Mathew, un anglais qui quitta sa patrie en 1829 pour travailler en Australie comme *Assistant Surveyor of Roads and Bridges*: vous y lirez ses observations concernant la vie locale, les épaves échouées, les oiseaux, accompagnées de reproductions de ses manuscrits et de gravures.

Les Aborigènes

http://www.wilmap.com.au/

L'histoire des aborigènes, leur culture, l'art, les personnalités marquantes dans des domaines variés (*art, sport*).

http://www.aaa.com.au/hrh/aboriginal/

Tout sur les aborigènes : ce site est une encyclopédie alphabétique sur tout ce qui concerne l'histoire des aborigènes à partir du XVIIIe siècle, la culture, les langues et les dialectes, des photos, la liste des tribus, les légendes. Utile, clair, nous y avons fait de passionnantes découvertes.

http://www.joyzine.zip.com.au/australia/dreaming/dreaming.htm

Vous serez accueillis par *Wandjina*, le créateur de la terre, des mers, celui qui permit à l'homme de vivre sur terre. Beaucoup de photos, peintures, documents sonores, des dizaines de textes racontent les légendes aborigènes. Attention toutefois, certains documents sont longs à charger. Site indispensable, *a priori* très complet, mais à suivre de près pour constater les améliorations.

Le Bounty

http://www.lareau.org//bounty.html

L'histoire du Bounty est contée dans ses moindres détails : composition de l'équipage (Capitaines Bligh et Fletcher Christian), itinéraire du navire… Une multitude de liens sont brièvement décrits, cliquez celui qui vous intéresse, vous serez menés directement sur le site. Certains d'entre eux vous accueillent en musique, d'autres s'ouvrent sur des cartes, des photographies ou des gravures.

Les *Bushrangers*

http://scs.une.edu.au/bushrangers/home.htm

Le site des *Bushrangers*: qui étaient-ils, quelle est leur histoire ?
Site passionnant qui permet de comprendre le sens du terme *Bushrangers* et son évolution au fil des ans. Les pages *The Convict Bushrangers, The Gold Fever, The Wild Colonial Boys*, répondent à une multitude de questions dans la rubrique FAQ *(Frequently Asked Questions)*, listent un nombre conséquent de chansons de *Bushrangers* (dont *Frank Gardiner*), témoignages d'une époque. Également des *Classroom Activities* exploitables.

Les *Convicts*

http://www.convicttrail.org/

La route du nord construite par les *convicts :* origine de sa construction, carte, déroulement des travaux, conditions de vie et de travail des ouvriers. L'objectif du *Convict Trail Project* est la conservation de cette route, dont l'état, qui semble actuellement se dégrader, préoccupe grandement les créateurs du projet.

http://carmen.murdoch.edu.au/community/dps/convicts/

Site très documenté sur l'histoire des *convicts*: histoire et chronologie des arrivées de navires, témoignages, les *Women Convicts*… Vous trouverez le détail des différentes *Fleets,* la liste des passagers (proportion d'hommes, de femmes, nombre de survivants à l'arrivée, nom du capitaine, ports d'embarquement et d'arrivée...). Un des objectifs du site est d'offrir des pistes de recherches aux australiens qui essaient de retrouver des ancêtres parmi les *convicts*.

Drapeaux australiens

http://www.ausflag.com.au/home.html

L'histoire des drapeaux australiens, locaux et nationaux, ainsi que des drapeaux des îles australiennes *(Christmas Island, Norfolk Island)*, explication quant au choix des couleurs, signification des signes et emblèmes représentés.

Kurnell

http://www.ssec.org.au/kurnell/index.htm

Histoire de la formation de la péninsule de Kurnell près de Sydney : l'origine, les premiers habitants, la biographie de James Cook de sa naissance à son arrivée sur l'île, des citations pertinentes.
Superbe site très documenté et agrémenté d'illustrations, de gravures, de photographies, de cartes. À explorer.

Seconde Guerre mondiale

http://www.localheroes.8m.com/

Recueil d'interviews de vétérans de la Seconde Guerre mondiale de la région de Melbourne.

http://www.fortunecity.com/meltingpot/statuepark/620/index.html

Ce site répond aux questions concernant la participation des Aborigènes lors de la Seconde Guerre mondiale : pourquoi leur engagement, photos d'époque, témoignages.

http://st.net.au/~dunn/

L'Australie pendant la Seconde Guerre mondiale : *The Secret War, Japanese raids on Australia.* Un grand nombre de photos d'époque, des comptes-rendus de raids aériens...

4 Médias et image

Cinéma et télévision

http://www.sna.net.au/

Screen Network Australia; ce site vous ouvrira toutes les portes du monde du cinéma et de la télévision australiens. Certains films décrits ont fait le tour de la planète, comme *Adventures of Priscilla Queen of the Desert,* d'autres sont moins célèbres, tel *Paradise Road*..., des liens vous pemettent de vous renseigner sur les acteurs et actrices australiens (Cate Blanchett, Russell Crowe, Mel Gibson pour les plus célèbres).

http://users.bigpond.net.au/nodette/AussieST/index.htm

Vous retrouverez ici les musiques de films et de série TV australiens que vous aimez. Pour les nostalgiques, nous avons cherché la musique de la série TV « Skippy le kangourou » *(Skippy the Bush Kangaroo*) qui fit le bonheur des enfants dans les années 65-70. Les références y sont données, mais malheureusement, pas d'extrait à écouter. Dans la rubrique *Related Links*, un nombre important de liens vous conduira vers des sites relatifs au monde de la musique et de l'audiovisuel.

http://www.sna.net.au/greatmoments/titles/skippy/skippy.html

Quelques grands moments de la télévision et des souvenirs avec le thème musical de Skippy le Kangourou !

ABS Bush Telegraph

http://www.abc.net.au/rural/

The Courier Mail

http://www.thecouriermail.com.au/

Independent News Group

http://www.independentnewsgroup.com.au/

Regroupe 6 journaux australiens.

Sydney Morning Herald

http://www.smh.com.au/

5 Tourisme et géographie

Sites généralistes

http://www.wps.com.au/travel/ausinfo.htm

Vous commencez vos recherches en choisissant la région et vous aurez accès aux rubriques : culture, géographie, cartes, météorologie. Attention certaines d'entre elles ne sont pas encore en fonction, à suivre.

http://www.australia.com/

Site officiel du bureau du tourisme australien, bien conçu et clair, de nombreuses pages diffusent des conseils de voyage, présentent les visites incontournables, les expositions, des renseignements pratiques, et une belle galerie photos (à agrandir comme souvent, d'un clic de souris).

http://www.wilmap.com.au/

Tourisme en Australie : 500 cartes à télécharger (territoires, déserts, villes), dates des principales manifestations culturelles, les hauts-lieux touristiques, une galerie photos, la faune et la flore (les photos peuvent être agrandies), un quiz pour tester vos connaissances. Très utile et bien conçu.

http://www.acn.net.au/articles/

Tout sur l'Australie : arts, culture, tourisme. Une mine d'informations précieuses. À consulter.

http://www.crystalinks.com/australia.html

De même que le site précédent, celui-ci vous informe sur un nombre important de thèmes, y compris les boomerangs.

La faune

http://www.marsupialsociety.org.au/

Société qui consacre ses activités aux marsupiaux, kangourous et koalas notamment. Beaucoup de renseignements intéressants sur un joli site.

http://www.savethekoala.com/

Site captivant sur les koalas dont la section éducation est particulièrement développée ; vous y apprendrez beaucoup sur ces marsupiaux : alimentation, habitat (cartes, noms des arbres qu'ils affectionnent), comment participer activement à la sauvegarde de l'espèce... L'enregistrement du cri du koala... le soir au fond des bois, est un grand moment !

http://www.gullivermedia.com.au/wildlife.html

Extraits de vidéos commentées sur les animaux sauvages en Australie.

http://www.kangaroo-industry.asn.au/

Objectif de ce site : *promotes an understanding of the kangaroo industry, its vital role in the environmental sustainability of the Australian rangelands, and its role in indigenising Australian Agriculture. It does so by presenting a balanced overview of the utilisation of native fauna in this country and we hope that it will stimulate debate and be of interest to all.* Dans la rubrique destinée à l'éducation, des idées d'activités interactives pour aider les enseignants, des quiz. Des recettes à base de viande de kangourou...

http://www.reefhq.org.au/

Quelques données techniques sur la Grande Barrière de Corail, accompagnées de belles photos sous-marines. À noter, le site officiel de la Grande Barrière de Corail existe, mais il était en travaux et ne fonctionnait pas à l'heure de la rédaction de cet ouvrage.

http://www.koala.net/

Lone Park Koala Sanctuary, Brisbane. Superbe site du parc dont la vocation est de contribuer à la sauvegarde de l'espèce. Une curiosité : une *webcam* est installée dans la cage des koalas et bien qu'elle soit mise à jour toutes les 30 secondes, il faut faire preuve de beaucoup de patience pour voir les animaux évoluer… il était très tôt en Australie lorsque nous avons utilisé la caméra, les koalas sont peut-être plus actifs en milieu de journée, à vous de tester !

6 Régions, villes et musées

Ballarat (Victoria)

http://www.ballarat.com/eurekcen.htm

Le *Eureka Stockade Center* (Ballarat, Victoria), haut-lieu de l'histoire australienne, se trouve dans la région où en 1854 éclata la *Eureka rebellion* et retrace principalement l'histoire de la bataille. Des renseignements pratiques relatifs aux visites.

Canbe·rra

http://www.nma.gov.au/

New National Museum de Canberra : les expositions *(Paint the Land Story, Bringing the House Down)*, les manifestations.

Darwin

http://www.atn.com.au/nt.htm

Les hauts lieux du tourisme dans les territoires du nord, l'histoire de *Ayers Rock (Uluru),* des photos et la présentation de la ville de Darwin.

New South Wales

http://www.hht.nsw.gov.au/fmuseums.html

Histoire et renseignements pratiques concernant 13 musées du territoire *du New South Wales* appartenant au groupe *Historic House Trust.*

http://www.nma.gov.au/exhibitions/bthd/all/01.htm

Ces 83 bandes dessinées politiques, publiées dans des journaux australiens par des auteurs locaux, peuvent être vues à l'exposition *Bring the House Down (The House* se référant à l'État), dont le site fait partie *du National Museum of Australia*. Divertissant et instructif.

Sydney : Australian Museum

http://www.austmus.gov.au/ahu/

Site officiel du *Australian Museum :* la section Aboriginal Heritage y est importante, des reproductions et objets sont exposés en ligne (les agrandir par un clic de souris), leurs histoires et fonctions y sont expliquées. Si l'histoire du musée même vous intéresse (il s'agit du plus vieux musée australien), remontez l'adresse électronique jusqu'à « au/».

Sydney : Australian National Maritime Museum

http://www.anmm.gov.au/

Site très attractif grâce auquel vous pourrez effectuer une visite virtuelle du musée maritime, avec des vues panoramiques de quelques salles.

Sydney Opera House

http://www.oznet.net.au/opera/

Accueil musical avec la *Sonate au clair de Lune* de Beethoven, sur une photo aquatique animée de l'Opéra. Cliquez sous la photo et vous pourrez encore profiter des extraits de concerts qui y sont proposés : piano avec la *Iberia Suite* de Isaac Albéniz, guitare avec la *Fantasie in E for Guitar,* de Silvius Leopold Weiss. En bas de la page, sélectionnez MIDI Gate et vous entendrez davantage d'œuvres. Vous pouvez même envoyer une carte postale virtuelle de Sydney, gratuitement.

Taronga Zoo

http://www.zoo.nsw.gov.au/taronga/main.htm

Visite virtuelle des différentes sections du zoo de Taronga, situé dans le *New South Wales*. Amusant à visiter avec de jeunes élèves, ils pourront envoyer des cartes postales électroniques gratuites d'animaux (sauvages, sans fourrure, australiens). Vous aurez le choix entre 30 photographies.

Uluru

http://home.a-city.de/christoph.schmidt/uluru/uluru.htm

Belles photos presque plein écran de cette magnifique montagne située en plein désert.

7 Webcams

http://members.iinet.net.au/~kevinr1/Livecams.html

Toutes les *webcams* disposées au quatre coins de l'Australie vous permettront de voir des plages et des surfers, la circulation dans les grandes agglomérations etc.

8 Vie quotidienne

Cuisine

http://www.artistud.com/joyzine/australia/recipes/lists/list_main.htm

La cuisine australienne, à découvrir, en recettes et images alléchantes : le *Bushman's brekkie, Oysters with Lime and Coriander, Impossible Pie*...

http://www.cookbook.com.au/

Encore un grand nombre de recettes, locales, mais aussi souvent importées du monde entier.

Australia Day

http://www.ozkidz.gil.com.au/AustraliaDay/aus2.html

Présentation des célébrations et manifestations qui commémorent l'arrivée de la première flotte britannique et de son Capitaine Arthur Phillip à Sydney Cove le 26 janvier 1788.

http://www.nadc.com.au/

La charte du National Australia Day Council est ainsi définie : *a Commitment to the Development of National Pride and Identity and the Recognition of Achievement*. Le programme des manifestations allant en ce sens est exposé sur ce site.

Centenaire de la Fédération

http://www.federation.vic.gov.au/

Célébration du centenaire de la fédération australienne en 2001 : textes, photos des précédentes célébrations, calendrier des manifestations.

Noël

http://www.shoal.net.au/~seabreeze/christmas.html

Noël en Australie de A à Z. Présentation de la fête telle qu'elle se déroule aux antipodes, au soleil en plein été : beaucoup de sites personnels amusants et sympathiques pour évoquer un Noël pas comme les autres, avec son père Noël au bord de la plage en maillot de bain... Également des recettes spéciales Noël en Australie.

La météo

http://www.bom.gov.au/weather/

Site officiel du *Commonwealth Bureau of Meteorology* où vous pourrez consulter les températures et conditions atmosphériques de l'ensemble du continent australien.

http://www.theweather.com.au/

Autre site comportant des données utiles sur les conditions météo sur l'ensemble de l'Australie : animations en format MPEG, images et photos compressées (JPEG).

Les sports

http://www.about-australia.com/sport.htm

Malgré une année particulièrement sportive pour l'Australie, les sports pratiqués sur l'île ne sont pas uniquement olympiques. Les sites suivants vous permettront de découvrir les sports les plus populaires en Tasmanie, dans les territoires du Nord, dans le *New South Wales*... Les sports sont exposés territoire par territoire, comme la plongée sous-marine et la randonnée en Tasmanie, le *bushwalking* dans le territoire de Victoria, la planche à voile, l'escalade... Et bien sûr des adresses utiles pour ceux qui prévoient de se rendre en Australie.

Les jeux olympiques

Septembre fut le mois des jeux olympiques. Vous trouverez des renseignements concernant les derniers jeux dans les deux sites officiels suivants :

http://www.australian.olympic.org.au/

Site du Comité Olympique Australien.

http://www.oca.nsw.gov.au/oca/html/default.stm

Le *Olympic Coordination Committee* vous propose des articles, reportages et photographies des jeux de Sydney.

5

La République d'Irlande

1 Littérature

La littérature irlandaise

http://www.irishwriters-online.com

http://www.luminarium.org/mythology/ireland/

Ce site est énorme ! C'est un mine d'informations formidable, incontournable, à explorer et à dévorer ! Toute la littérature irlandaise y est expliquée, décrite, ses auteurs présentés avec les biographies et bibliographies d'usage, vous y lirez également beaucoup d'études approfondies sur leurs œuvres. Vous y trouverez sans aucun doute ce que vous cherchez, y compris le célèbre *Book of Kells* dont le manuscrit peut être admiré à la *Trinity College Library*. En fait toute l'Irlande est dans ce site....

http://islandireland.com/Pages/lit.html

La recherche s'effectue par auteur, les pages affichées vous indiqueront des liens à suivre pour lire biographies, bibliographies, études critiques et littéraires des œuvres. Le lien de l'Encyclopaedia Britannica sur Samuel Beckett vous permettra de visionner un extrait vidéo de la pièce *Waiting for Godot* (produite par France 3). Également très complet.

CELT

http://www.ucc.ie/celt/

Le site construit par l'université de Cork a défini son rôle et ses objectifs : *The CELT project is producing an online database of contemporary and historical topics from many areas, including literature and the other arts. It will provide material for the greatest possible range of readers, researchers, academic scholars, teachers, students, and the general public. The texts can be searched, read on-screen, downloaded for later use, or printed out.* Site très important, par sa taille et l'intérêt qu'il offre aux lecteurs internautes (biographies, graphiques, cartes... Les textes quant à eux peuvent être lus en anglais, français et irlandais notamment.)

Nouvelles

http://www.bnl.com/shorts/

Ce site *web* est *dedicated to the short story and to those interested in reading light prose.* Vous y trouverez un très grand nombre de nouvelles à télécharger : *Charles Dickens, James Joyce, Roald Dahl, Nathaniel Hawthorne, HG Wells, Herman Melville...*

2 Écrivains

Les sites suivants sont construits, en règle générale, à l'identique : vous pourrez consulter biographies, bibliographies, photographies, résumés d'œuvres, des liens. Pour des études plus complètes, pour la lecture en ligne de certains ouvrages, reportez-vous aux sites présentés ci-dessus.

James Joyce

http://www.cohums.ohio-state.edu/english/organizations/ijjf/jrc/

Resource Center, spécialisé sur Joyce, a pour objectif de représenter pour le lecteur une source d'informations importante pour tout ce qui concerne l'auteur : biographies, articles, photos… Des études critiques par thèmes : *Biographical Criticism, Genetic Criticism, Marxist Criticism, Psychoanalytic Criticism, Feminist Criticism, Structuralist and Poststructuralist Criticism, Semiotic Criticism…*

http://www.bibliomania.com/Fiction/joyce/ulysses/index.html

Le monument *Ulysse* à lire en ligne… Énorme.

http://web.nwe.ufl.edu/~kershner/port.html

Études, articles critiques pour les fans de *Portrait of the artist as a young man.*

http://www.joycean.com/

Bloom est LE site sur James Joyce : *a website devoted to the works, life and study of James Joyce.* Vous trouverez tout sur l'auteur, sa biographie, bibliographie, des essais critiques, des outils multimédia et une multitude de liens utiles. Comme dans beaucoup de sites spécialisés sur un auteur, vous pourrez lire certaines œuvres ; sur *Bloom,* vous aurez accès aux suivantes : *A Portrait of the artist as a young man, Ulysse, Dubliners.* Aussi des forums de discussions, des citations, des photographies (voir rubrique *Media).* Des extraits audio étaient annoncés pour septembre 1999, mais toujours rien… à suivre.

Sean O'Casey

http://www.irish-society.org/Hedgemaster%20Archives/sean_o'casey.htm

Biographie succincte de l'auteur des magnifiques pièces *the Shadow and the Gunman, Juno and the Paycock, the Plough and the Stars.*

Liam O'Flaherty

http://www.iol.ie/~scash/

Biographie, extraits d'œuvres. On nous annonce pour bientôt des extraits audio. À vérifier.

Bram Stoker

http://www.literature.org/authors/stoker-bram/dracula/

Le texte intégral du *Dracula* de Bram Stoker présenté chapitre par chapitre. Pratique pour extraire des citations, comparer texte et adaptation cinématographique. (Voir aussi chapitre 6 : littérature, Mary Shelley.)

J. M. Synge

http://athena.english.vt.edu/~marvin/syngeweb/cover.html

Des études critiques, biographie, contexte historique, dans ce site très élégant dédié à l'auteur de *Riders to the Sea.*

Jonathan Swift

http://www.jaffebros.com/lee/gulliver/index.html

Un excellent outil de travail bien conçu pour qui veut étudier *Gulliver's Travels*: le texte sélectionné pour ce site est l'édition originale de 1726 revue et corrigée en 1735. L'intérêt du texte électronique réside dans la possibilité de se référer à un dictionnaire ou à des annotations sur certains points du texte. Exemple : après avoir cliqué sur *Gulliver's Travels* dans la page d'accueil, vous aurez accès au texte, chapitre par chapitre. Dans *Part I : A voyage to Lilliput,* cliquez sur 5. Les mots *Blefuscu, Glumgluffs* apparaissent en bleu : cela signifie que vous pourrez en trouver le sens ou l'origine dans le dictionnaire spécial *Gulliver's Travels* du site. Très pratique. Dans le chapitre *Images,* des reproductions des éditions illustrées, comprenant des cartes des voyages. Esthétique et fort intéressant.

Oscar Wilde

http://haven.ios.com/~wordup/wilde/dorgray.html

E-text du splendide *Portrait of Dorian Gray* et des liens sur sa biographie, des poèmes, les *Short Stories.*

http://www.showgate.com/tots/gross/wildeweb.html

Cette page de liens vous conduira vers une quantité impressionnante de sites consacrés à l'auteur, ses œuvres, des films sur sa vie, la liste des travaux disponibles en *e-text.*

http://www.oscarwilde.com/

Cyber guide du film *Wilde*: les producteurs du film vous renseignent sur la distribution, le synopsis, vous pouvez également entendre des extraits audio *(Real Player* est nécessaire) de *the Selfish Giant*, évaluer vos connaissances avec les 10 questions du quiz. L'ensemble du site est ponctué de citations.

http://www.cyber-nation.com/victory/quotations/authors/quotes_wilde_oscar.html

Des citations de Oscar Wilde : amusantes, sérieuses, provocatrices, elles appellent toujours à la réflexion. On ne s'en lasse pas.

W. B. Yeats

http://longman.awl.com/kennedy/yeats/biography.html

Biographie détaillée du poète, possibilité d'écouter des lectures audio… uniquement si vous vous connectez à partir des U.S.A…

http://www.chiark.greenend.org.uk/~martinh/poems/yeats.html

Les poèmes en ligne.

http://www.launchnet.com/icoggins/yeats.html

Des liens qui doivent vous permettre de trouver les informations voulues sur Yeats : articles, *e-texts*…

3 Musique

I.M.N.

http://www.ceolas.org/tunes

De nombreux liens vers des sites musicaux. Vous trouverez des textes, des partitions et une foule de renseignements utiles concernant la musique celtique, ainsi que l'hymne national irlandais.

http://www.geocities.com/SouthBeach/Marina/4870/music.html

Un site personnel qui vous permettra de découvrir quelques groupes irlandais en écoutant des extraits audio : *The Chieftains, The Corrs, John Farry, the Bothy Band, The Wolfetones, The Dubliners*.... Beaucoup de chansons sont disponibles, traditionnelles ou modernes, en extraits ou en entier.

Folklore et musique celte

http://www.contemplator.com/ireland/

Des dizaines de chansons retranscrites et téléchargeables : du XVIIe siècle avec *When the King Enjoys his Own Again, Galway City,* XVIIIe siècle, avec par exemple*, the Battle of the Boyne*, *Foggy Dew, Cockles and Mussels*, le XIXe siècle et *Bold Fenian Men*...
La liste est longue, le site énorme, et les renseignements passionnants. Un outil précieux qui ne se contente pas de fournir une liste : chaque chanson est accompagnée de ses paroles, de sa musique, du contexte, des références sur son auteur. Le plus : une liste de liens concernant les faits ou personnages mentionnés dans chaque chanson, sur la période traitée, est fournie en fin de page.

http://services.worldnet.net/~pybertra/ceol/

Accueil à la harpe par une musique très douce sur ce site consacré à *Ancient Music of Ireland*: des enregistrements MIDI à écouter en ligne. Également des musiques galloises traditionnelles, de jolis airs de *Turlough O'Carolan*. Présentation agréable.

http://pantheon.cis.yale.edu/~declaris/ballads/songs.html

Beaucoup de chansons irlandaises dans ce site dont l'auteur a été récompensé à plusieurs reprises. Malheureusement vous n'y trouverez que le texte des paroles, pas de musique.

The Corrs

http://corrsrealm.w3.to/

Les nouvelles du groupe, les dates prévues pour les concerts en Irlande et ailleurs, les paroles des chansons, et dans la rubrique *Multimedia*, des morceaux à écouter en ligne, en intégralité. Également des vidéos musicales, des photos prises lors des concerts. Un bon site pour les fans du groupe.

The Cranberries

http://www.cranberries.com/main.html

Beau site officiel qui s'ouvre sur la promotion du dernier album du groupe. Très esthétique et une fois n'est pas coutume sur un site officiel, vous pourrez regarder des clips vidéo et écouter des clips audio.

Sinéad O'Connor

http://www.members.tripod.com/dcebe/main.htm

Site important sur une grande voix de la chanson irlandaise, très controversée pour ses opinions et déclarations jugées provocatrices. Vous écouterez ici quelques-unes de ses chansons et interviews et regarderez quelques clips vidéos si vous disposez du matériel nécessaire *(Real Audio, Windows Media Player*).

The Pogues

http://www.ferrie.demon.co.uk/pogues/index.htm

Extraits audio à écouter si vous êtes munis de la version 3.0 de *Real Audio* et que la vitesse de connection de votre modem soit d'au moins 28.8 Kbs. La dernière photo en bas de la page d'accueil vous mènera vers une liste de liens intéressants sur le groupe et son leader, Shane MacGowan, des articles parus dans le Irish Times…

U2

http://www.henrywagner.org/zootv/

Plus de 50 morceaux parmi les plus célèbres peuvent être écoutés dans leur intégralité en cliquant sur MIDI, dans *Lyrics*, ce sont les paroles de 15 albums que vous lirez. Dans *POV Ray* puis *Panoramic POV*, l'auteur du site présente des photos panoramiques et psychédéliques – jolies, mais y-a-t-il un rapport direct avec le groupe ? – dans *About* et *Photography*, vous pourrez trouver des photos du groupe en concert.

http://www.u2.com/intro.html

Site officiel dont la conception est moderne, assez esthétique, mais pas très pratique d'utilisation. Malgré cela, le site offrira à l'avenir des séquences vidéo et audio (dans la pièce nommée *Green Room)* du célèbre groupe irlandais. À l'heure actuelle, ces fonctions ne sont pas encore toutes disponibles. À suivre.

4 Gouvernement, institutions politiques, éducation

Gouvernement et institutions

http://www.irlgov.ie/

Le site officiel du gouvernement de la République d'Irlande. Vous y trouverez les liens vers tous les ministères, dont celui de l'éducation. Site bien conçu sur lequel il est facile de naviguer.

http://www.irlgov.ie/oireachtas/frame.htm

Le serveur *web* du gouvernement irlandais. Le site n'est pas complètement terminé, mais il est déjà riche en informations et liens vers les différentes branches du gouvernement et du parlement. Sur la page d'accueil on vous propose tout d'abord une brève présentation du système en place : l'Irlande est une démocratie parlementaire dont le parlement est composé d'un Président (cliquez sur le lien hypertexte pour plus d'informations) et de deux chambres : *Dail Eireann* et *Seanad Eireann* dont les fonctions sont décrites dans la Constitution.

http://www.ucd.ie/~politics/irpols.html

Des liens vers des pages relatives à la politique en Irlande, au conflit nord-irlandais, aux accords anglo-irlandais de 1985. Ce site est fondamental pour ceux qui souhaitent se documenter en profondeur, à l'aide de documents officiels, à télécharger pour la plupart. Outil essentiel.

http://www.aph.gov.au/library/intguide/pol/polparti.htm

Le site du gouvernement australien offre des liens vers les partis politiques de très nombreux pays dont la République d'Irlande.

Fianna Fail

http://www.fiannafail.ie/

Site officiel du parti républicain irlandais, textes des débats et discours, en lecture uniquement.

Fina Gael

http://www.finegael.com/main.htm

Site officiel. Discours à lire, orientation politique du parti...

Irish Labour Party

http://www.labour.ie/

Site officiel. Revues de presse et le programme du parti qui peut être téléchargé et imprimé.

Sinn Fein

http://www.sinnfein.ie/

Site officiel. Présente les objectifs, les personnalités qui font vivre le plus vieux parti de la République d'Irlande, la branche politique de l'I.R.A. à une époque. Des revues de presse, des discours, en lecture écran seulement.

Frontline

http://www.pbs.org/wgbh/pages/frontline/shows/ira/

Ce rapport, intitulé *Behind the Mask*, présente les relations entre l'I.R.A. et Sim Fein. Les chapitres développés sont les suivants : *the Conflict, Inside the I.R.A., Readings, Poems and Songs, Special Reports, Chronology.* Les sujets abordés font bien entendu l'objet de discussions et de débats passionnés dont vous pourrez lire certaines transcriptions sur ce site. Seules trois chansons (*Foggy Dew, Patriot Game, et The Belfast Brigade*) peuvent être écoutées en ligne.

Système éducatif et ressources

http://www.irlgov.ie/educ/

Département Éducationdu gouvernement irlandais. Vous y trouverez tous les renseignements utiles pour mieux connaître le système éducatif irlandais.

http://www.edunet.ie/Welcome.html

Edunet: ce site est destiné à tous ceux qui souhaitent s'informer sur l'éducation, en Irlande bien entendu mais également dans toutes les régions du monde. *Edunet* se définit ainsi : *Edunet is a virtual community for those involved in education in Ireland. We want to offer all schools in the whole country (North and South) the ability to join in the benefits of the Information Superhighway.* Cliquez sur *Educational Resources*, puis sur *Education...English,* sur *English* et enfin sur *The Works of Shakespeare*, et vous jugerez par vous-même de l'immensité de ce site. Attention toutefois, quelques liens ne fonctionnent pas – *History* par exemple.

http://www.scoilnet.ie/Index.html

Le net éducation irlandais est divisé en plusieurs catégories : *Infants to 2nd Class, 3rd to 6th Class, Junior Cycle, Senior Cycle, Parents, Teachers.* Beaucoup d'informations ; nous avons aimé la page des *Jokes* dans *Infants to 2nd class*. Allez vite dans les pages *Jokes* si vous voulez connaître les réponses aux questions suivantes.... : *What did the mayonnaise say to the fridge ?, Why do cows wear bells ?.*

5 Histoire et légendes

Histoire

http://wwwvms.utexas.edu/~jdana/irehist.html ♥

C'est un site américain, mais le plus complet sur l'histoire de l'Irlande et des irlandais. Toutes les rubriques qui le composent, listées ci-après, sont très riches, et comportent de nombreux liens vers des sous-rubriques connexes. À partir de la page d'accueil, il est possible de rechercher facilement un personnage ou un événement : vous entrez par exemple *Bloody Sunday* et vous visualisez le répertoire de tous les textes qui traitent de cet épisode tragique. La qualité première de ce site est son exhaustivité : quel que soit le thème qui vous intéresse, vous le trouverez ! Sinon, les responsables du site sont à l'écoute...(jdana@utxsvs.cc.utexas.edu). Liste des rubriques : *General Irish History, Easter Rising and Irish Republic, Celtic History, Radical/Left History, The Irish Famine, Orangeism and Loyalism, Emigration and Genealogy,* les programmes d'études irlandaises dans les pays anglophones (sur demande, il est possible d'ajouter d'autres programmes, même non anglophones) ; images de l'histoire irlandaise : très nombreuses et belles photos d'archives, d'affiches, de peintures murales etc.

Irish internet hub: passeport vers de nombreux sites traitant de l'Irlande dans tous les domaines (partis politiques, journaux, magazines, culture, gastronomie...), littérature, histoire de l'Irlande de 1500 à 1900, documents historiques (textes), histoire des unionistes d'Irlande du Nord, la question d'Irlande du Nord et une bibliographie. Dans *Other Resources,* un aspect moins connu de l'histoire irlandaise : *Sources in the National Archives for research into the Transportation of Irish Convicts to Australia (1791-1853).*

Old Ireland

http://www.ireland.org/

Site complet sur l'histoire de l'Irlande, avec photographies anciennes, proverbes irlandais...

http://www.serve.com/AOHD17/irishhist.html

Le texte est long, très long, mais très intéressant si vous avez de la patience et le courage de lire le texte malgré la présentation très austère. Histoire de l'Irlande des *Milesians* à *After the Treaty*.

http://www.celticnationsworld.com/st_patricks_quiz.htm

Site genéraliste sur les pays celtes, avec un quiz amusant pour tester ses connaissances.

Charles Stewart Parnell

http://www.ireland.org/irlhist/hist48.htm

Charles Stewart Parnell, leader du mouvement pour la *Home Rule* au XIXe siècle.

Eamon de Valera

http://www.irlgov.ie/aras/devalera.htm

http://www.apostles.com/devalera.htm

Deux sites très complets sur Eamon de Valera, 1er président officiel de l'Irlande en 1959, accompagnés de photographies et de nombreuses citations.

William Gladstone

http://www.spartacus.schoolnet.co.uk/PRgladstone.htm

William Gladstone, premier ministre anglais qui, au XIXe siècle, a convaincu le parlement anglais d'accepter l'application de la « *home rule* » en Irlande.

Le drapeau irlandais

http://www.geocities.com/SouthBeach/Canal/7165/

Histoire du drapeau actuel de la République d'Irlande et possibilité d'écouter *Amhran na bhFiann (The Soldier's Song) The National Anthem.*

Légendes

http://www.luminarium.org/mythology/ireland/

Les sites expliquant, racontant les mythes et légendes irlandais sont tellement nombreux, difficiles à départager et captivant que nous ne voulons pas en écarter et risquer de vous en priver… Vous trouverez donc une liste très importante de liens (nous avons cessé de les compter au 106e site proposé…) sur ce site (décrit précédemment dans la section littérature). Nous vous conseillons de vous y rendre… Sur beaucoup d'entre eux vous pourrez lire les textes en ligne, écouter de la musique traditionnelle.

http://perso.club-internet.fr/yesss/f_glossary.htm

Un petit glossaire utile des termes utilisés dans la mythologie irlandaise.

http://members.aol.com/lochlan2/lebor.htm

E-text du *Book of Leinster* écrit en 1150.

http://www.geocities.com/mythical_ireland/index.html

Site complet sur tout ce qui touche aux légendes et mythes irlandais : les sites mégalithiques comme *Newgrange, Tara, Fourknocks, Loughcrew* y sont photographiés : cliquez sur l'une des photos, vous irez visiter le site et en apprendrez l'histoire détaillée ; la rubrique *Stone Map* s'ouvrira sur une carte d'Irlande localisant les lieux mythiques (cliquez sur un nom, vous serez conduit sur les lieux). Un joli site, dont on regrettera néanmoins l'absence de musique.

http://indigo.ie/~legends/

Les légendes irlandaises classées par régions (*County Meath, County Louth* et *Armagh* pour l'Ulster, *County Wicklow*), par exemple la légende de *Oisin and Saint Patrick…*

http://tesla.csuhayward.edu/sacredplaces/eire.html

Le site s'ouvre sur une carte de l'Irlande, cliquez sur une région, puis sur un monticule de terre et vous serez menés sur des lieux chargés de légendes. À défaut d'être très documenté, ce site a l'avantage d'être clair et esthétique.

6 Médias et image

The Irish Film Board

http://www.filmboard.ie/

Le cinéma indépendant irlandais, ses objectifs et ses actions : *Bord Scannán na hÉireann provides loans and equity investment to independent Irish film-makers to assist in the development and production of Irish films. The Board also acts in co-operation with other Irish semi-state agencies to improve the marketing, sales and distribution of Irish films and to promote training and development in all areas of film-making. Employment of Irish film workers and the use of ancillary Irish services is a vital factor in the Board's consideration of applications.*

http://entertainment.ie/

Toutes les nouvelles des spectacles en Irlande : les sorties de films, les salles, articles critiques, le théâtre et les pièces conseillées, la télévision… de quoi sortir tous les soirs sans jamais s'ennuyer !

http://www.irishfilmfestival.com/

Festival du cinéma irlandais de Boston : les pages ne sont pas encore très riches, mais ce site est à suivre de près, il pourrait nous apporter des informations pertinentes sur le cinéma irlandais vu de l'autre côté de l'Atlantique.

La presse

http://www.onlinenewspapers.com/ireland.htm

Tous les journaux irlandais sont répertoriés sur ce site ; pour les journaux locaux, l'origine est mentionnée. Cliquez sur le journal que vous souhaitez consulter, vous y serez mené directement.

The Irish Eye

http://www.irisheye.com/

The Irish eye, journal irlandais *online*: articles d'opinion, les événements à venir, culture, shopping en ligne.

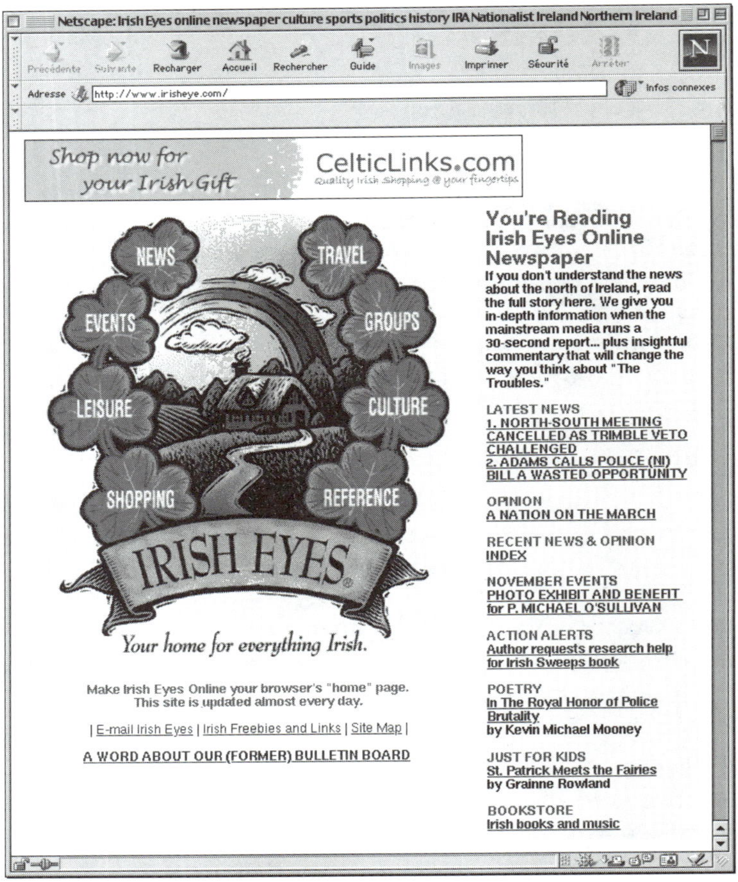

Republican News

http://www.irlnet.com/aprn/index.html

« An Phoblacht/Republican News is Ireland's biggest selling political weekly newspaper and has been a source of uncensored news on world affairs and the Irish struggle for national self-determination for over 25 years ».

The Examiner

http://www.examiner.ie/

Ireland, Sports, Business.

Inish Times

http://www.inishtimes.com/

The Newspaper for the Inishowen Peninsula Co Donegal. Accueil musical.

The Independent Online

http://www.independent.ie/

Les rubriques à consulter sont les mêmes que dans la plupart des journaux : les articles de fond, le monde des affaires, les nouvelles internationales, le sport, voitures, la météo. Les *Headlines* de la première page vous aideront à faire votre choix.

The Irish Times

http://www.ireland.com/

Quotidien sur lequel vous lirez les nouvelles irlandaises et internationales, le temps, les sports, les sorties à Dublin, l'éducation et pourrez consulter les archives des anciens numéros.

The Sunday Tribune Education

http://www.tribune.ie/

The aim of the Sunday Tribune Education site is to deliver innovative and relevant Web content for students and educators in Ireland: les rubriques sont nombreuses, traitent de *Chemistry, Engineering, Languages, Music, Gaelic, Social Work...*

RTE

http://www.rte.ie/

Programmes TV et radio. Ce site vous ouvrira les portes des radios suivantes : RTE Radio 1 ; 2FM ; Lyric FM ; Raidio Na Gaeltachta ; Radio One World.

2FM

http://www.2fm.ie/

Radio et TV orientées séries et musique.

7 Tourisme et géographie

La plupart de ces sites offrent des informations touristiques pratiques : de quels documents aurez-vous besoin pour voyager en Irlande, quelles sont les formalités à remplir, pouvez-vous voyager avec vos animaux domestiques ? Nous vous conseillons de vous diriger vers les rubriques histoire, fêtes, festivals, art et culture lorsqu'elles sont disponibles. Ces sites vous renseigneront également sur les hôtels, les *bed and breakfast*, les pubs, les concerts…

Access Ireland

http://www.visunet.ie/VisitorsGuide/

Jolies photographies pour une rapide visite guidée de l'île.

Bord Failte

http://www.ireland.travel.ie/home/

Le site officiel du *Irish Tourist Board* vous fait visiter l'Irlande grâce à des vues panoramiques à 360°. Vous pouvez télécharger gratuitement Active X, nécessaire pour visionner de superbes photos, vous pourrez également, si vous disposez de *Media Player*, regarder des clips vidéos des *Cliffs of Moher* (admirez-les bien, il est rare de les voir par un temps si dégagé…), *Bunratty Castle…* Un outil intéressant et amusant : le *Route Planner*. Vous lui indiquez votre point de départ et votre point d'arrivée, les activités que vous souhaitez faire, l'hébergement que vous préférez, et il tentera de construire un itinéraire adapté à votre requête. Fabriquez votre propre brochure de voyage après vous être inscrit gratuitement et effectuez vos réservations en ligne.

Domain Ireland

http://www.domainireland.com/

Site très pratique et facile à utiliser ; vous cliquez sur l'une des quatre régions de l'île : *Ulster, Munster, Leinster, Connaught*, puis sur un des *Counties*. Un exemple : nous avons choisi la région de Munster, puis le *County Tipperary*. Vous arrivez sur une carte du *County*, vous pouvez vous renseigner sur les attractions touristiques du secteur et visiter rapidement les hauts-lieux touristiques.

The Irish Web Server Map

http://slarti.ucd.ie/maps/ireland.html

Dans quel chapitre classer ce gigantesque site ? Il vous fournira une multitude d'informations utiles pour préparer votre voyage et vous documentera en détails sur ce splendide pays : les rubriques annoncées sont les suivantes – les chiffres indiqués entre parenthèses représentent le nombre total de liens offerts dans chaque catégorie-: *Art* | *Archaeology* | *Arts and Literature (112)* | *Business (1015)* | *Computers (306)* | *Education (599)* | *Entertainment and Magazines (190)* | *Film* | *Festivals* | *Genealogy (109)* | *Government and Politics (146)* | *Health and Medicine (51)* | *Museums* | *Marketing* | *News and Announcements (49)* | *Opera* | *Recreation and Tourism (1338)* | *Reference (45)* | *Science (28)* | *Society and Culture (281)*. Vous y trouverez sans aucun doute le renseignement que vous cherchez.

SoftGuide Dublin

http://www.softguides.com/dublin/

Plans de la ville, annuaire des hôtels, restaurants, pubs, météo : tout pour vous permettre d'organiser efficacement votre séjour. Pratique, le *Street Finder* que vous trouverez dans *City Maps*: tapez le nom de la rue que vous cherchez, le *Street Finder* la localisera sur le plan de la ville.

Yahoo : Ireland

http://uk.dir.yahoo.com/Regional/Countries/Ireland/Cities_and_Towns/

Pour visiter l'Irlande ville par ville, nous vous proposons de vous rendre à l'adresse ci-dessous, puis de sélectionner une ville de votre choix : beaucoup de liens se présenteront alors à l'écran, il ne vous restera qu'à choisir l'un d'entre eux.

8 Webcams et photos

http://www.camvista.com/england/london/index.php3

Plusieurs *live cam* sont installées en Irlande. Sur ce site vous pourrez choisir entre les vues suivantes : Belfast pour l'Ulster et Dublin pour la République. Les images sont renouvelées en moyenne toutes les 5 secondes ce qui donne un « film » un peu saccadé, mais néanmoins, il s'agit de « direct » !. Les vues ne sont malgré tout pas très variées.

http://www.photos-of-ireland.de/

Un album photos d'Irlande prises par un voyageur allemand, Norbert Grasshoff : 35 très belles photos sur la première page intitulée « Images ». Cliquez sur la première, elle s'agrandira, vous pourrez ensuite toutes les admirer, presque en plein écran, en cliquant sur la flèche de droite. Vous découvrirez approximativement la même quantité et la même qualité de photographies sur les autres diapositives, *County Cork, County Kerry* et *County Donegal.* Un superbe voyage sur le *net*...

9 Vie quotidienne

Cuisine

http://holidayrecipe.com/features/stpatrick.asp

Une bonne idée, les recettes spéciales Saint-Patrick peuvent être imprimées dans différents formats ou envoyées par mail. Les gastronomes y trouveront également des recettes pour diverses occasions.

http://www.clubi.ie/celticcuisine/

La cuisine celtique vue par l'impressionnant *Druid Chef Ruairí Ó Moracháin*... Bref mais intéressant historique de la pomme de terre présente dans presque tous les plats locaux et un nombre conséquent de recettes à expérimenter. Dommage, pas de photos pour vérifier que l'on a donné au plat l'aspect prévu par le chef... à noter, la possibilité de télécharger une vidéo si l'on a le matériel adéquat.

http://www.ibmpcug.co.uk/~owls/irishlst.htm

Une vaste base de données sur la cuisine irlandaise : beaucoup de recettes décrites avec précision – elles sont peut-être très bonnes, mais le site est dépourvu de photos, c'est dommage.

http://soar.berkeley.edu/recipes/ethnic/irish/

102 recettes irlandaises du *Abie's Irish Stew* au *Wicklow Pancake.* Encore une fois nous regrettons l'absence de photos, même s'il suffit de lire certaines recettes pour que les papilles s'affolent !

La Saint-Patrick

http://www.historychannel.com/exhibits/stpatricksday/main.html

Très joli site sur l'histoire du Saint patron de l'Irlande, l'origine de la fête et du premier défilé qui eut lieu le 17 mars 1762 non pas en Irlande mais dans la ville de New York. Clair et bien construit.

http://www.st-patricks-day.com/

L'histoire du trèfle et de Saint- Patrick, les parades et défilés qui ont lieu tous les 17 mars de l'Australie aux U.S.A en passant par le Canada, l'Irlande et la Grande-Bretagne. Ce site discrètement illustré répertorie des dizaines de liens sur l'Irlande, les pubs, les chevaux irlandais, les clans, il permet aussi à ceux qui le souhaitent de tenter de retrouver leurs racines et des ancêtres en Irlande.

http://www.geocities.com/Athens/Parthenon/1502/stpat.html

Une mine de renseignements divers allant de l'histoire de saint Patrick au *Irish coffee*, en passant par les légendes irlandaises et les *e-cards*. Bien documenté, varié, ce site tout de vert habillé est agréable à consulter comme une encyclopédie, de temps à autre, pour chercher une information.

http://www.windbornefun.com/irish_living.html

L'intérêt de cette page réside dans les photos de décorations (à acheter en ligne) de Saint-Patrick qu'il peut être intéressant d'utiliser en classe comme modèle de fabrication. Il est possible d'agrandir certaines des photos pour visionner de plus près les détails (cliquer sur la photo choisie).

Cartes virtuelles pour la Saint-Patrick

http://browse.postcards.org/postcards/cards/0380/
http://www.bluemountain.com/eng/stpatrick/index.html
http://www.webmaniadesigns.com/cards/stpatricks/index.shtml
http://www.htcomp.net/weis/stpcards4eeyore.html

Ces sites proposent tous des cartes virtuelles, animées ou non, avec ou sans musique, et d'un goût très variable… à vous de choisir !

La météo

http://www.geocities.com/Vienna/1340/iw.html

Pour se renseigner sur le temps qu'il fera dans les 3 à 6 jours à venir dans toutes les régions et toutes les villes d'Irlande… nous avons encore vérifié, au cas où… mais pas de surprise… Dans les prochains jours, le temps sur l'île verte sera nuageux, pluvieux….

Les sports

http://www.setanta.com/

C'est le plus important site irlandais consacré au sport.
Il couvre tous les sports pratiqués en Irlande : *hurling*, football, rugby, golf, pêche… Sa mise à jour est permanente et il est possible de communiquer par *e-mail* avec l'équipe qui l'anime.

Hurling

http://www.iol.ie/~coolmine/typ/gaa/introhur.html

Histoire et règles du *hurling,* le plus ancien sport gaëlique (les premières traces de sa pratique remontent au ve siècle), dont les règles s'apparentent un peu à celles du cricket.

http://www.gaa.ie/sports/hurling/index.html

Site officiel de la *Gaelic Athletic Association.*

http://dmoz.org/Sports/Hurling/

Répertoire de tous les sites traitant du *hurling*.

6

Le Royaume-Uni

1 Architecture

Inigo Jones

http://www.greatbuildings.com/architects/Inigo_Jones.html

La biographie du célèbre architecte, à qui l'on doit notamment la reconstruction de la Cathédrale Saint-Paul et les plans de Covent Garden.

John Nash

http://www.britainexpress.com/History/nash.htm

Biographie et réalisations de l'architecte connu principalement pour ses ouvrages à Londres (Regent street, Carlton House et Buckingham Palace).

Sir Christopher Wren

http://www.nmm.ac.uk/education/fact_wren.html

Biographie de l'architecte qui planifia la reconstruction de Londres après le Grand Incendie de 1666.

2 Littérature

Internet regorge de sites sur la littérature dont un grand nombre sont de très bonne qualité, que leurs auteurs soient des amateurs passionnés ou des professionnels. Impossible donc de proposer une liste exhaustive des auteurs britanniques et de leurs œuvres…
Dans « Sites généralistes » vous trouverez des sites proposant une multitude de liens utiles vers le monde de la littérature anglophone, ainsi que les bibliothèques virtuelles qui offrent des centaines d'œuvres à consulter en ligne. Utile lorsque l'on ne trouve pas LE livre dont on a besoin immédiatement !
Par la suite, nous vous proposons une sélection de quelques grands noms de la littérature britannique… en espérant que vous y trouverez votre auteur favori…

Sites généralistes

http://promo.net/cgi-promo/pg/t9.cgi ♥

Le site de l'énorme Projet Gutenberg. Il s'agit d'offrir aux lecteurs internautes une base de données la plus complète possible sur les œuvres qui ne font plus l'objet de copyright/droits d'auteurs et donc des centaines de livres de tous genres sont à télécharger et à lire en ligne. Un moteur de recherches interne vous permet d'effectuer vos recherches par nom d'auteur ou par titre. Une mine d'or !

http://www.bibliomania.com/

Bibliothèque électronique qui vous donnera accès à des centaines d'ouvrages consultables en ligne. Tout, ou presque ! : quelques 120 *Classic Fiction,* 700 *Short Stories*...Un outil très pratique.

http://www.bartleby.com/cambridge/

The Cambridge History of English and American Literature, est une encylopédie en 18 volumes divisée en deux grands axes : la littérature anglaise *(From the beginnings to the cycles of Romance* à *The Victorian Age)* et la littérature américaine (de *The Colonial to the Revolutionary Literature* à *Later National Literature)*. Impossible de tout lister, il vous faudra prendre le temps d'explorer ce site on ne peut plus complet.

http://library.scsu.ctstateu.edu/litbib.html

Énorme site de la *South Connecticut University* qui offre également une quantité impressionnante de sources, de bases de données sur la littérature anglaise et américaine. Comme le précédent il est impossible de dresser une liste exhaustive de son contenu, nous vous laissons en découvrir les nombreuses ramifications. Sachez simplement que vous y trouverez presque tout sur *English Science Fiction, Fantasy, Horror*...

http://www.lang.nagoya-u.ac.jp/~matsuoka/etexts.html

Liste de *e-textes* concernant les auteurs suivants : Elizabeth Gaskell, Charles Dickens, les sœurs Brontë, George Eliot, ainsi que quelques *Victorian Ghost stories* par Bram Stoker et Conan Doyle.

http://www.users.globalnet.co.uk/~crumey/scot.html

Histoire et anthologie de la littérature écossaise, par auteur.

W. H. Auden

http://longman.awl.com/kennedy/auden/biography.html

Biographie du poète W.H. Auden, dont les œuvres ont connu un regain de popularité après la lecture de *Funeral Blues* dans le film *Four Weddings and a Funeral*. Également auteur d'ouvrages à caractère social et politiquement engagés (Chine et Espagne), il reçut en 1946 le prix Pulitzer pour son œuvre poétique. Auteur très controversé de son temps pour ses opinions politiques et rejeté par ses compatriotes pour son homosexualité, il optera pour la nationalité américaine en 1946.

Emily Brontë

http://users.ox.ac.uk/~pemb0738/emily.html

Site très documenté sur Émily Brontë, sur lequel vous trouverez un lien qui vous mènera vers le texte électronique de *Wuthering Heights*. Également des poèmes, des liens vers d'autres sites spécialisés.

Robert Burns

http://www.robertburns.org/

Site officiel très complet qui vous renseignera sur la vie et les œuvres de l'auteur écossais. Dans la rubrique *Complete e-works* vous pourrez consulter plus de 500 poèmes et chants, accompagnés d'un glossaire destiné à en faciliter la compréhension. Également un magasin virtuel où vous pouvez passer des commandes en ligne pour des souvenirs de Robert Burns.

Lord Byron

http://englishhistory.net/byron.html

Contenu simple, clair et agréable pour ce site consacré au grand poète romantique Lord Byron : sa biographie détaillée, accompagnée d'un grand nombre d'anecdotes, de portraits de lui-même et de ses proches, des lettres, des extraits de journaux, et les textes d'un grand nombre de ses œuvres.

Lewis Carroll

http://falcon.jmu.edu/~ramseyil/carroll.htm

Site très intéressant qui retrace la vie et l'œuvre de Lewis Carroll et offre au lecteur internaute la possibilité de consulter un grand nombre de ses travaux en ligne : *Alice in Wonderland, The Complete Stories of Lewis Carroll*, ainsi que des essais critiques, des pistes de travaux pour les chercheurs et enseignants.

http://www.lewiscarroll.org/graph.html

Autre site très complet et complémentaire du précédent sur lequel vous trouverez notamment des textes accompagnés de très nombreuses illustrations de Tenniel et de Disney ainsi que de belles illustrations des *Title Pages*. Sur le site Disney, vous pourrez regarder de courts clips vidéo extraits du dessin animé. Le téléchargement est un peu long, patience... Vous pouvez, comme sur la plupart des vidéos, enregistrer celle-ci sur votre disque dur pour pouvoir la consulter ultérieurement. Très vaste site, indispensable.

Sir Arthur Conan Doyle

http://members.tripod.com/~msherman/holmes.html

Bibliothèque virtuelle : vous pourrez ici consulter et lire une importante quantité d'ouvrages de sir Arthur Conan Doyle.

Agatha Christie

http://christie.mysterynet.com/

Le site des passionnés d'Agatha Christie : sa vie et tous ses romans policiers, présentation des *Crime Fighters* (Hercule Poirot, Tommy et Tuppence Beresford, Miss Marple), résumé de quelques livres et des propositions commerciales pour l'achat de livres, vidéos...

Roald Dahl

http://www.roalddahlfans.com/

Ce site très riche, aide précieuse pour les enseignants dans leurs préparations d'activités est ainsi présenté par ses auteurs : *This fan website is dedicated to Roald Dahl (1916-1990), one of the world's most beloved children's authors. Not only did he create such memorable characters as Willy Wonka, Danny the Champion of the World and The BFG, but he also had a very successful career writing short stories for adults. This website is devoted to both types of his writing and features resources for everyone from young readers to school teachers to older devotees.*
Vous y trouverez des informations concernant le célèbre auteur gallois, des jeux, des *short stories*, des articles de journaux...

http://www.kirjasto.sci.fi/rdahl.htm

Biographie et bibliographie de Roald Dahl, ainsi que les productions cinématographiques associées à certaines de ses œuvres.

Charles Dickens

http://www.stormfax.com/dickens.htm

E-text de *A Christmas Carol*, joliment présenté.

http://www.helsinki.fi/kasv/nokol/dickens.html

Site complet qui retrace la vie, l'époque, le Londres de Charles Dickens, la filmographie liée à ses œuvres (voir lien vers *Electronic Archives*), des essais critiques dont certains sont rédigés en finnois, l'auteur de ce site étant finlandais(e).

George Eliot

http://landow.stg.brown.edu/victorian/eliot/eliotov.html

Site très complet sur la vie et l'œuvre de l'auteur du célèbre *The Mill on the Floss* : outre la biographie, vous trouverez des pages pertinentes sur le contexte historique *(The Timeline of British History* est un instrument indispensable pour replacer l'œuvre dans son contexte), social *(Public Health, Conditions of Life and Labour, Race, Class and Gender Issues)* et religieux, une étude des personnages de ses romans, la structure, les images de la narration…

T. S. Eliot

http://world.std.com/~raparker/exploring/thewasteland/explore.html

Ce site offre le texte complet de *The Waste Land* ainsi qu'une étude approfondie de l'œuvre. Au total 682 *files* dans cet immense site : textes, définitions, traductions, poèmes, références, liens… Un outil de travail pertinent pour les spécialistes de T. S. Eliot.

Graham Greene

http://members.tripod.com/~greeneland/

La biographie, bibliographie de l'auteur entre autres de *The Third Man, The Heart of the Matter, The Honorary Consul*, ainsi qu'un quiz et de nombreux liens.

Thomas Hardy

http://pages.ripco.net/~mws/hardy.html

Site consacré à la vie et à l'œuvre de Thomas Hardy où l'on trouve des informations complètes et pertinentes sur l'auteur de *Jude the Obscure*:

quelques textes sont consultables en ligne, les biographies, les adaptations cinématographiques et de nombreux liens vers des sites connexes.

Aldous Huxley

http://www.primenet.com/~matthew/huxley/

John Keats

http://www.englishhistory.net/keats.html

Accueil superbe par une gravure de l'auteur sur ce site qui se veut être *A Comprehensive Study of his Life and Work*: sa vie, son œuvre, quelques-unes de ses lettres, des études approfondies concernant ses opinions sur Shelley, Byron et Wordsworth…, des liens vers sa demeure à Londres… Un grand nombre de ses poèmes et sonnets peuvent être téléchargés, comme les superbes *Ode to a Nightingale* ou *La Belle Dame Sans Merci*.

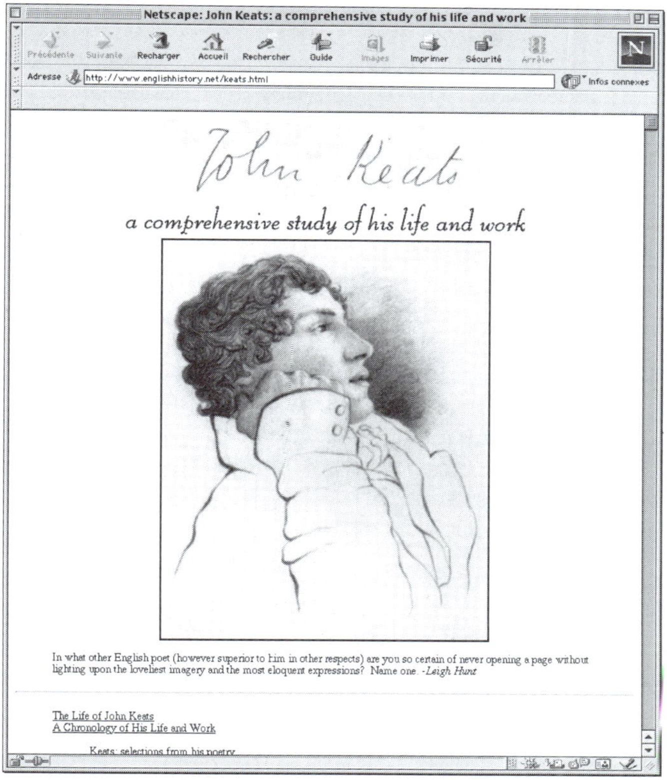

Rudyard Kipling

http://tlc.ai.org/kipling.htm

The Access Indiana Teaching and Learning Center (Université d'Indianapolis) dédie ce site à Joseph Rudyard Kipling, prix Nobel de littérature en 1907. Ce site est orienté autour de quatre chapitres principaux : *General Resources, Poetry, Prose, Lessons Plans* (vous pouvez contacter leur auteur si vous le souhaitez) à partir desquels vous pourrez consulter un grand nombre de rubriques, comme *the Kipling Society, Picture Gallery, Poems From the Planet Earth, The Jungle Book, How the Leopard Got His Spots.*

http://www.ernie.cummings.net/kipling.htm

Quelques poèmes.

Bernard MacLaverty

http://www.english.schule.de/cal/

Auteur contemporain né à Belfast, Bernard MacLaverty a été rendu célèbre notamment grâce à l'adaptation cinématographique de son roman *Cal*, ici résumé, chapitre par chapitre, avec étude des protagonistes. Plus qu'une étude littéraire, ce site permet de replacer l'œuvre dans son contexte social et historique, l'I.R.A et les actes terroristes internes et externes au groupe, les relations catholiques et protestants nord irlandais… Beaucoup de liens vous permettront de vous documenter encore plus en profondeur sur l'histoire de la province.

George Orwell

http://students.ou.edu/C/Kara.C.Chiodo-1/orwell.html

Site important comportant en plus de la biographie, la bibliographie de l'auteur, citations, photographies, textes à consulter en ligne *(Animal Farm, 1984…)*, liens vers des essais critiques, analyses ou études du texte de *Animal Farm (Animalism vs. Marxism), 1984*, descriptions de personnages et vision futuriste de Orwell…

J. K. Rowling

Impossible de ne pas citer cet auteur contemporain qui connaît un énorme succès international à l'heure actuelle. Son héros, Harry Potter, est un adolescent qui vit des milliers d'aventures bizarres et surnaturelles et passionne enfants et parents. Voici quelques sites très utiles et passionnants pour les fans de Harry Potter.

http://www.connectingstudents.com/lessonplans/potter/
http://www.hpnetworkf2s.com/
http://www.harrypotter.ws/
http://www.fandom-com/harrypotter/
http://www.scholastic.com/harrypotter/home.asp

Le site de l'éditeur américain vous propose des extraits du dernier volet des aventures de Harry, permet de rédiger une *Owl Letter* interactive et de télécharger un *screen saver*.

William Shakespeare

http://daphne.palomar.edu/shakespeare/life.htm

Recueil très important sur William Shakespeare, sa vie (on peut même lire le manuscrit de ses dernières volontés et en regarder et écouter les commentaires sur une vidéo de David Thomas) et son œuvre, sur l'ère élizabéthaine avec des liens, particulièrement nombreux sur cette époque ; enfin sur la controverse à propos de l'authenticité de l'auteur. Un outil de référence passionnant.

http://www.rsc.org.uk/

Le site officiel de la *Royal Shakespeare Company* où l'on trouvera tous les renseignements sur l'actualité Shakespearienne : les pièces de théâtre données actuellement, les films… en cliquant à gauche sur la liste des titres des œuvres de Shakespeare, vous serez dirigés vers des sites détaillant les représentations théâtrales de ses pièces.

Mary Shelley

http://www.desert-fairy.com/maryshel.shtml

Site très complet sur la vie de Mary Wollstonecraft Shelley, sa rencontre avec Lord Byron, et bien sûr, l'origine de sa grande œuvre : *Frankenstein*, les sources littéraires, et la naissance de l'ouvrage. Une idée utile : l'auteur tient un journal des nouveautés apportées à son site et des travaux en attente.

http://www.ucs.mun.ca/~emiller/

L'auteur du site, Emily Miller, professeur à la Memorial University of Newfoundland est une spécialiste de la littérature britannique gothique du XIXe siècle, elle a une préférence affirmée pour Bram Stoker et Mary Shelley. Elle présente de nombreuses références sur la Transylvannie, les associations de « fans » de Dracula, *Vlad the Impaler* qui inspira la légende de Dracula. Un grand nombre de liens vous dirigera vers d'autres sites ayant trait à la légende du célèbre comte, ainsi qu'à l'œuvre de Bram Stoker (voir chapitre 5).

Robert Louis Stevenson

http://www.unibg.it/rls/rls.htm

La vie et l'œuvre de l'auteur de *Treasure Island*, les *e-textes*, images, musées et bibliothèques consacrés à Stevenson, et bien sûr de nombreux liens.

H. G. Wells

http://www.geocities.com/Athens/Marble/5652/

Considéré par certains comme *the father of modern science fiction*, H. G. Wells fait l'objet d'un site qui présente une biographie succincte de l'auteur et certains de ses livres comme *The Invisible Man, the War of the Worlds, The Island of Doctor Moreau* et *The Time Machine* (résumé, thèmes principaux développés). Pour le texte complet des œuvres, se reporter au Projet Gutenberg et autres bibliothèques virtuelles.

Virginia Woolf

http://orlando.jp.org/VWSGB/

Site de la *Virginia Woolf Company of Great Britain*: les nouvelles concernant l'œuvre de l'auteur, les conférences et manifestations, la présentation de la société, de ses membres et du mouvement *Bloomsbury*.

3 Musique

Dans les sites présentés ci-dessous vous trouverez les « grands » de la musique britannique, ceux dont les chansons peuvent être étudiées en classe, ceux mentionnés dans les manuels scolaires, ou encore quelques favoris des adolescents. Ils permettent en général d'écouter des chansons en ligne, de trouver les *lyrics* et les biographies des chanteurs. Impossible de tout lister ici, les sites se comptent par plusieurs centaines, voire par milliers. Un conseil : dirigez-vous vers un moteur de recherches britannique, tapez les noms de l'artiste ou du groupe qui vous intéressent, et explorez les sites personnels, souvent très riches en informations, paroles et musique à écouter. Les sites suivants constituent une base pour vos recherches.

Musique classique

http://www.britishclassicalmusic.com/

La musique classique britannique sous toutes ses coutures : classement par artistes, clips musicaux, les concerts en Grande-Bretagne et à l'étranger, les CD, et une page lien conséquente.

http://www.geocities.com/Paris/3501/musicpl.html

Où écouter un concert à Londres ? Le choix est vaste, du *Royal Albert Hall* aux *Chapels*… Acheter des partitions, trouver des librairies spécialisées en musique classique devient un jeu d'enfants, la liste vous est fournie sur ce site qui fourmille de bonnes adresses.

http://www.classicalmusic.co.uk/

Tout sur la musique classique en Grande-Bretagne : critiques de plus de 1500 CDs, les dates et lieux de concerts, articles divers.

Folklore et musiques traditionnelles

http://web.ukonline.co.uk/Members/martin.nail/Folkmus.htm

Ce site bien agencé vous dirige vers une multitude de liens sur la musique folk et la musique traditionnelle. Mais avant tout, comment distinguer musique traditionnelle et folklorique ? Le paragraphe *Definitions* est une source de renseignements pertinents. Un conseil, lisez ces documents tout en écoutant des extraits de musiques ou de chansons : cliquez en premier lieu sur *Traditions* puis déroulez presque toute la page pour arriver face à l'icône *Our Sound Clips*. Le chapitre *Regional Resources* est une mine d'or pour qui souhaite s'informer plus précisément sur une région : *London, North West England*... Indispensable pour les amateurs de folklore, de *folk festivals*...

http://www.musicscotland.com/

Musique écossaise : des CD et videos à commander, clips audios en ligne. Certaines des rubriques annoncées ne fonctionnent pas, à suivre.

http://www.albafolk.freeserve.co.uk/

Une liste complète des concerts, éphéméride des événements musicaux, le festival d'Édimbourg, adresses des folk clubs. Bien conçu.

http://www.contemplator.com/

Un indispensable pour se documenter sur la musique folklorique : à vous de choisir votre méthode de recherche : par pays, par thème *(Songs of Love, Songs of the Countryside, Songs of the Sea, Children's and Nonsense Songs*...). Dans le chapitre *English Songs*, des pages sur la musique follklorique du XVIIe au XIXe siècles. Et surtout, des dizaines de musiques par pays, à écouter en ligne. Site énorme et absolument incontournable. Vous l'aurez compris, nous avons beaucoup apprécié !

Pop rock

http://www.mathematik.uni- ulm.de/paul/lyrics/
http://www.geocities.com/SunsetStrip/Venue/9769/
home2.html#perform

Sites à partir desquels il est possible de trouver les paroles de chansons anglo-saxonnes en donnant le titre ou le nom de l'interprète, d'écouter un nombre infini de titres, dans des styles musicaux très variés.

http://members.nbci.com/britpopp/

Site général qui présente quelques célébrités britanniques actuelles : Blur, Oasis, Robbie Williams, les Spice Girls.

http://www.ukmix.net/

Plus de 2 538 liens sont listés sur ce monument ! Très facile d'utilisation, exemple : vous cherchez des renseignements sur le groupe *Radiohead :* sélectionnez la lettre R, 7 sites vous sont proposés. Cliquez sur le site choisi, vous y serez conduit directement. À vous de jouer… Vous en demandez plus ? Rien de plus simple : pour lire les paroles de vos chansons fétiches – ou celles de vos élèves – cliquez, dans *Music Resources* sur *Lyrics :* dix sites de lyrics sont actuellement disponibles. Très pratique. Encore plus ! Dans *Multimedia*, ce sont treize sites sur lesquels vous pouvez écouter de la musique en ligne qui s'offrent à vous.

Le monde anglo-saxon regorge de groupes, de compositions musicales, impossible donc de tous les répertorier. À défaut d'une liste exhaustive, voici une liste tout à fait subjective, comprenant quelques incontournables célèbres.

The Beatles

http://www.spekehall.org.uk/beatles.htm

Le site du lieu de naissance du groupe.

http://www.bagism.com/links.html

Base de données : des centaines de liens vers les différents membres du groupe.

Blur

http://blur.org.uk/

David Bowie

http://www.davidbowie.com/

Site officiel

http://www.davidbowie.co.uk/

BowieNet UK.

Dire Straits

http://www.knopfler.com/

Site officiel.

Elton John

http://www.geocities.com/Hollywood/3337/eltolink.html

Des centaines de liens.

Oasis

http://www.oasisinet.com/

Site officiel.

Pink Floyd

http://www.v-interactive.dk/pink/floyd.htm

Queen

http://www.queen-fip.com/

Site officiel.

The Rolling Stones

http://www.the-rolling-stones.com/

Site officiel.

Supertramp

http://www.supertramp.com/

Site officiel.

4 Peinture

John Constable

http://www.artchive.com/artchive/C/constable.html

Biographie de l'artiste, ainsi que la liste des tableaux à télécharger (à agrandir en cliquant au centre du tableau).

Thomas Gainsborough

http://www.artcyclopedia.com/artists/gainsborough_thomas.html

Intéressant principalement pour la liste des lieux où sont exposées les œuvres du peintre : possibilité d'accéder aux musées listés en cliquant sur leur nom (vous arriverez directement sur la page concernant Thomas Gainsborough).

http://www.european-history.com/gainsboro.html

Vie et œuvres de l'artiste.

Hans Holbein the Younger

http://www.image.pe.ca/woodcut/holbien.html

Allemand d'origine, *Hans Holbein the Younger* fut surtout célèbre en Grande-Bretagne pour ses portraits/aquarelles de Sir Thomas More et ses tableaux de Henry VIII et de quelques membres de la famille royale d'alors.

http://sunsite.auc.dk/cgfa//hholbei2/hholbein2_bio.htm

Biographie.

Joseph Mallord William Turner

http://www.artchive.com/artchive/T/turner.html

De même que pour John Constable, vous pourrez ici lire la biographie de l'artiste et admirer quelques tableaux en ligne.

5 Gouvernement et institutions politiques

Gouvernement et institutions

http://www.britain-info.org/

Site officiel du département *British Information Services* de l'Ambassade britannique de Washington D.C qui propose une multitude de renseignements pratiques clairement présentés sur le Royaume-Uni : les représentations diplomatiques, les Nations Unies, le British Council.

10 Downing Street

http://www.number-10.gov.uk/

Le site officiel du *10 Downing Street :* vous pouvez ici écouter le Premier ministre en personne – vous devrez télécharger la dernière version de *Real Player* – poser des questions aux *MPs*, organiser une visite virtuelle des locaux, participer à un forum interactif. Les plus jeunes pourront quant à eux tester leurs connaissances à l'aide d'un quiz (à trouver dans *Regular Features*).

Le Commonwealth

http://www.empiremuseum.co.uk/files/welcome.html

Site officiel du Musée du British Commonwealth. Belle présentation animée avec photos, dates, des pays appartenant ou ayant appartenu au Commonwealth. Site bien conçu sur lequel il est facile de trouver les informations recherchées. La rubrique *Online Research* vous permettra d'ouvrir les pages concernant les années 1497 à nos jours. Cliquez sur la ligne du temps et vous obtiendrez des informations simples et claires sur la période choisie, carte à l'appui.

http://www.thecommonwealth.org/index1.htm

Site officiel du Commonwealth : des nouvelles des 54 nations qui le composent, des interviews, communiqués de presse, des informations dans des domaines aussi variés que la culture, la santé, l'égalité des sexes. Possibilité de consulter les archives du magazine *Currents* jusqu'en 1996.

La Monarchie

http://www.royal.gov.uk/ ♥

Nous n'en doutons pas, la Famille Royale ne laisse pas indifférents. On peut l'aimer, l'admirer, en sourire ou en rire, mais elle est là, et fait toujours la une de tous les journaux – les sérieux, les moins sérieux et ceux qui se délectent de scandales. Ce site est le site officiel sur la Famille Royale et donne des réponses souvent très pertinentes aux questions que se pose le commun des mortels. C'est ainsi que l'on peut connaître les animaux les plus exotiques qui furent offerts aux différents monarques, le nombre et les marques de voitures conduites ou utilisées par la Reine Elizabeth et le Duc d'Édimbourg… Fort intéressant, les arbres généalogiques des différentes familles royales.

Le Parlement

http://www.parliament.uk/parliament/guide/parliamt.htm

Site officiel du parlement britannique : présentation et explication des rôles des *House of Commons* et *House of Lords*, du *Speaker,* les *Parliamentary Committees*, le *Party System,* les lois, les événements dans la vie parlementaire. Explications claires et possibilité d'atteindre des informations plus affinées en cliquant sur les nombreux liens proposés.

La politique

http://www.ukpol.co.uk/

Site généraliste très vaste sur la vie politique au Royaume-Uni : un nombre impressionnant de liens est proposé.

http://www.aph.gov.au/library/intguide/pol/polparti.htm

Site du gouvernement australien qui offre des liens vers les partis politiques de très nombreux pays.

The Conservative party

http://www.conservatives.com/home.cfm

The Labour Party

http://www.labour.org.uk/

Northern Ireland/Ulster

http://cain.ulst.ac.uk/issues/

CAIN Web Service : Key Issues of the Northern Ireland Conflict ; le conflit en Irlande du Nord exposé dans ses moindres détails. Professionnel, direct et clair, ce site est un *must* pour tous ceux que l'histoire de l'Irlande du Nord passionne ; il constitue une mine précieuse de renseignements pour les autres. Les auteurs étudient le conflit en fonction de plusieurs *Key Issues* fondamentales parmi lesquelles *Education, Employment, Violence, Women, Cross-Community Marriage*. De plus, des liens vers davantage de sites, d'ouvrages traitant des troubles en Ulster, de statistiques officielles.

6 Le système éducatif

Système éducatif britannique

http://idun.unl.ac.uk/~hydzmartinw/pgcuk.htm

Primary Education, Secondary Education sont les chapitres qui intéresseront en priorité les enseignants. Écoles privées et publiques, ainsi que le système éducatif écossais et nord irlandais sont exposés dans ce site qui comporte des renseignements très intéressants sur tous les types d'enseignements dispensés outre-manche (Montessori, Rudolf Steiner), ainsi que sur les formations pour les enseignants de chaque catégorie.

Système éducatif nord-irlandais

http://cain.ulst.ac.uk/issues/educ/educ.htm

Pages éducation du *CAIN Web Service* précédemment cité : études sur l'histoire du système éducatif, enfants, parents, enseignants, innovations dans le domaine de l'éducation. Les informations que vous pourrez consulter dans ce site appartiennent au système *CALM (Conflict : Accumulated Literature in Multimedia)* développé par plusieurs professeurs de la *University of Ulster.* Très documenté.

7 Histoire

Quelques sites généraux offrent un panorama complet de l'histoire de la Grande-Bretagne. Nous vous proposons ci-dessous plusieurs sites qui varient principalement par leur présentation, leur convivialité. Pour des périodes plus précises de l'histoire britannique et de ses acteurs, réels ou légendaires, nous avons tranché en faveur d'un classement alphabétique. Les noms et périodes ont été retenus en fonction de l'intérêt des sites visités. Certains personnages et certaines périodes ne semblent pas encore avoir fait l'objet de pages *web* et sont par conséquent absents de ce chapitre.

Sites généralistes

http://www.great-britain.co.uk/history/history.htm

Histoire générale de la Grande-Bretagne de 4000 avant J.-C. à nos jours. À vous de choisir la période que vous souhaitez étudier en particulier. Également l'histoire de l'Écosse, de l'Irlande et du Pays de Galles. Photos, cartes et dessins.

http://www.britannia.com/history/timelines.html

Cette *History Time Line* couvre l'histoire du néolithique à nos jours. Claire et simple d'utilisation (vous choisissez la période qui vous intéresse) elle fait partie intégrante du site commenté plus en détails ci-dessous. Il nous a semblé néanmoins utile de la signaler pour vous permettre d' y accéder directement.

http://www.britannia.com/history/londonhistory/norlon.html

Site américain qui contient un nombre infini d'informations certes très intéressantes et utiles, mais que l'on a parfois envie d'écarter à cause du harcèlement de bandeaux publicitaires. C'est dommage. Néanmoins les plus tenaces d'entre vous y trouveront tout sur l'histoire de Londres, du *Roman London, Dark Age London, Saxon London, Norman, Medieval, Tudor, Stuart, Georgian, 19th century, 20th century London,* sur l'histoire de l'Écosse, du Pays de Galles, du Roi Arthur, des biographies (Sir Walter Raleigh, Chaucer…), l'histoire de l'Église, des souverains. Et des cartes, que vous pouvez agrandir en cliquant sur l'image réduite. Ce site représente une mine d'informations précieuses, sa présentation est celle d'un journal avec diverses rubriques, dont *British life, shopping, travel…*

http://www.british-history.com/

The Roman Occupation of Britain, The Hundred Years War (avec une liste complète des différentes batailles, les rois anglais et français impliqués), *The Civil War* (Royalistes et Parlementaires), *The Napoleonic Wars* (liste des batailles et acteurs principaux), telles sont les têtes de chapitres proposées par ce site clair et bien structuré.

http://landow.stg.brown.edu/victorian/history/empire/empireov.html

Intéressant pour la partie consacrée à la Grande-Bretagne et ses colonies.

Bataille d'Hastings

http://battle1066.com/hforce1.htm

Entrée colorée sur ce site, détaillant les troupes du Roi Harold lors de la Bataille d'Hastings, ainsi qu'une présentation des armes et armures utilisées et de la logistique.

http://www.infokey.com/hon/hastings.htm

La bataille d'Hastings toujours, avec en plus du précédent une carte détaillée de l'avancée des forces en lice.

Bataille de Trafalgar

http://broadside.napoleonicwars.com/battle-of-trafalgar.html

Cartes à l'appui, cette page consacrée à la Bataille de Trafalgar dresse la liste des forces en présence, détaille le nom des navires, le nombre de canons pour chacun d'entre eux, le nom de leurs capitaines, le nombre de blessés ou morts, les déplacements et stratégies. Très clair et précis.

Bataille de Waterloo

http://www.trabel.com/waterloo/waterloo-thebattle.htm

Une page consacrée à la célèbre bataille avec les portraits des trois protagonistes.

Blitz

http://www.historyplace.com/worldwar2/timeline/london-blitz.htm

Le Blitz expliqué et photographié. Vous trouverez ici non seulement un exposé écrit mais également des photos noir et blanc de très bonne qualité et fort intéressantes pour l'illustrer. Cliquez sur les photos pour les agrandir.

http://www.valourandhorror.com/BC/Backg/Blitz.htm

Autre site qui évoque cette période sombre de l'histoire, deux photos noir et blanc à l'appui.

Grande-Bretagne et Inde

http://www.historyofindia.com/hist_text/british.html

Site sur lequel vous naviguerez avec aisance, il suffit de choisir la période de l'histoire des relations entre la Grande-Bretagne et l'Inde qui vous intéresse : de la *East India Company* à l'Indépendance, environ 350 ans d'histoire vous attendent. Il est toutefois dommage que la partie *British India* soit un peu austère ; il aurait été intéressant de pouvoir consulter quelques documents d'époque.

Great Fire of London

http://www.thehistorynet.com/BritishHeritage/articles/1995_text.htm

Une page sur l'histoire de l'incendie de 1666. Instructif mais manque d'illustrations.

http://www.jmccall.demon.co.uk/history/page2.htm

Carte de Londres et histoire de l'incendie qui ravagea une partie de la capitale le 2 septembre 1666.

Irlande du Nord

http://mmm.uni-c.dk/irland/inspiration/ulster2.htm

Site très important sur l'Irlande du Nord, avec cartes, historique complet de la province et des conflits qui l'ont agitée. Attention toutefois, la dernière mise à jour de ce site ayant été effectuée en 1998, certaines adresses ne sont plus valables, mais vous serez souvent, automatiquement dirigés sur la nouvelle ; d'autre part, certaines pages sont annoncées en construction, à suivre de très près. Une partie intéressante, les *Belfast Murals*, peintures murales qui jalonnent la ville et des photos noir et blanc.

Magna Carta

http://www.nara.gov/exhall/charters/magnacarta/magtrans.html

L'équivalent de la constitution pour la Grande-Bretagne, la *Magna Carta* : traduction reconnue du sceau de Édouard Ier en 1297.

Order of the Garter

http://www.royalinsight.gov.uk/199906/gallery_online/garter.html

L'histoire du célèbre Ordre de la Jarretière fondé par le Roi Édouard III, agrémentée de quelques clichés, dont un de la Reine lors d'un récent défilé de l'Ordre.

Jack the Ripper

http://www.accomodata.co.uk/jack.htm

Difficile de trouver un site factuel sur Jack l'Éventreur qui ne donne pas dans le sordide et le spectaculaire (photos des victimes par exemple). En voici deux dans lesquels vous pourrez trouver des informations et compte-rendus. Ce premier est construit autour de 4 chapitres, ce site vous propose de prendre connaissance des événements, des victimes, des suspects et des conclusions qui furent apportées à cette affaire.

http://www.casebook.org

Articles parus dans le London Times du 10 août 1888 au 10 novembre 1888.

Nelson

http://home.att.net/~ronfraser/Nelson_Horatio.html

Biographie succincte de l'Amiral Horatio Nelson. Le lien vers le *Nelson Museum* est actuellement inopérant. À suivre.

http://www.wtj.com/archives/nelson/

Plus complet que le précédent, ce site du *War Times Journal* propose des *Letters and dispatches of Horatio Nelson*.

Tudor Kings and Queens

http://www.tudorhistory.org/

L'histoire, arbres généalogiques de la famille Tudor, de Henry VII à Élizabeth I, et bien sûr Henry VIII et ses femmes. Des documents électroniques, des liens vers des sites de *Tudor Humour, Tudor Movies and television.*

http://englishhistory.net/tudor/monarchs/boleyn.html

Anne Boleyn, deuxième femme de Henri VIII.

Wellington

http://www.spartacus.schoolnet.co.uk/PRwellington.htm

Biographie et portrait du duc de Wellington, des extraits de journaux intimes de quelques-uns de ses proches le concernant, de lettres du Duc lui-même, ainsi que du journal *The Observer* du 13 mai 1832.

William the Conqueror

http://www.britannia.com/backs/history/monarchs/mon22.html

Histoire de William I et possibilité de télécharger la tapisserie de Bayeux pour « lire » la version française de l'invasion.

Winston Churchill

http://www.winstonchurchill.org/

L'époque et la vie de Winston Churchill à travers un très grand nombre d'articles de journaux et magazines, des livres, beaucoup de citations, possibilité d'écouter des discours (*WWII Speeches, Pre-WWII Speeches, Post-WWII and Iron Curtain Speeches*) et de télécharger d'intéressantes photos noir et blanc (*Big Three at Tehran, Cairo Conference* entre autres) et couleur (*Big Three Yalta*) à commander en ligne.

http://www.churchill.nls.ac.uk/

Winston Churchill, *Life and Times* ainsi que des ressources pédagogiques pour les enseignants : *Activity Sheets* à différents niveaux avec aide méthodologique. Travaux plutôt destinés à des élèves dont le niveau d'anglais est très avancé, mais donne des pistes intéressantes.

8 Légendes

King Arthur

http://freespace.virgin.net/david.ford2/arthur.html

Site très bien documenté sur le Roi Arthur, légendaire selon les uns, réel selon les autres, les chevaliers de la Table Ronde : Sir Gawain, Sir

Galahad. La rubrique *Arthurian Places to Visit* vous mènera vers une carte de la Grande-Bretagne et tous les lieux liés à l'histoire du roi : photos des châteaux, ruines, fouilles archéologiques, plans ; si vous sélectionnez *Bryn Myrddin (Merlin's Hill)* vous arriverez dans le sud du Pays de Galles, là où la Dame du Lac aurait tenu Merlin prisonnier. Cliquez sur *The Lady of the Lake* et vous aurez accès à l'histoire d' Excalibur. Intéressant et bien que le site ait été mis à jour pour la dernière fois en 1998 (manquent les pages sur Lancelot, Guinevere notamment), il demeure un outil de travail très pertinent. Accompagné d'illustrations.

http://www.britannia.com/history/h12.html

Un incontournable pour tous ceux qui effectuent des recherches sur ou autour du Roi Arthur : cartes, *Timelines*, biographies de nombreux personnages, articles, visites, l'Abbaye de Glastonbury et son histoire, le tout accompagné de jolies illustrations. Attention, à chaque page ouverte, vous verrez apparaître sur l'écran un encart qui vous propose de devenir membre de *britannia.com*: si vous ne le souhaitez pas, il suffit de fermer le cadre en cliquant sur la croix dans le coin supérieur droit.

http://www.lib.rochester.edu/camelot/cphome.stm

L'objectif du *Camelot Project* est de fournir aux internautes une base de données importante sur la période arthurienne par le biais de très nombreux textes, illustrations et bibliographies. Le site a été mis à jour très récemment, on peut donc le considérer comme une source fiable amenée à être complétée. Des pages sur les personnages comme Morgan La Fay, Mordred, sur les symboles comme Excalibur et *the Holy Grail*… Captivant.

Lady Godiva

http://www.abacom.com/%7ejkrause/godiva.html

L'histoire de *Lady Godiva* qui, pour permettre aux villageois de Coventry de voir baisser leurs taxes, monta son cheval dans le plus simple appareil et défila dans les rues de la ville, entrevue seulement par *Peeping Tom*.

Loch Ness Monster

http://www.lochness.co.uk/index.html

Beaucoup de renseignements sur le Monstre du Loch Ness. Passionnant, que l'on croit en l'existence de la bête ou non. Et si vous être très, très patient, vous pourrez peut-être voir l'animal en direct, puisqu'une *live cam* surplombe le lac ! Également des vidéos-témoin.

http://www.nessie.co.uk/

Site important, un nombre impressionnant de documents pour appuyer les théories sur l'existence de l'animal : vous pouvez même entendre Nessie... (si, si, nous avons testé pour vous !) lire son journal intime, consulter la liste des preuves filmées (non visibles), photos, liste des chasseurs, géologie des lieux, et le fan club du Monstre. Une curiosité pour le moins !

http://www.lochness-centre.com/

Le site officiel du *Loch Ness Exhibition Center*: renseignements pratiques sur l'hébergement, les croisières sur le lac, les cadeaux souvenirs...

Robin Hood

http://www.geocities.com/puckrobin/rh/index.html

L'histoire du héros de Sherwood, les variations de la légende, des ballades, dont certaines peuvent être écoutées en ligne.

http://www.lib.rochester.edu/camelot/rh/rhhome.stm

De même que le site du *Camelot Project* sur le Roi Arthur, le *Robin Hood Project* est un outil indispensable à tous ceux qui cherchent des informations complètes sur le héros de Sherwood. Importante base de données électronique qui offre de très nombreux textes et images. La recherche s'effectue par nom d'artiste pour les illustrations, ou par nom d'auteur pour les textes, ce qui présuppose que le lecteur est censé déjà connaître les auteurs. Également une rubrique *Robin Hood Films*.

9 Cinéma

Impossible bien entendu de dresser une liste complète des films, nous en avons sélectionné quelques-uns pour l'intérêt et le caractère esthétique du site, vous trouverez les autres sans difficulté en vous reportant dans la rubrique « sites généralistes ».

Sites généralistes

http://www.visitbritain.com/moviemap/

Site sur l'industrie cinématographique au Royaume-Uni : carte interactive qui divise le royaume en 7 régions : *South of England, England's North*

Country, Scotland, Northern Ireland, East of England, Heart of England et Wales. Cliquez sur la région de votre choix, puis sur la ville et vous obtiendrez la liste des films qui y furent tournés. Un lien vous est en général proposé pour aller sur le site des films cités. Dans la rubrique *Films* vous pourrez sélectionner, parmi les noms proposés dans la liste, le film sur lequel vous souhaitez vous renseigner. Il est possible ainsi de se rendre sur le site de *The Full Monty* et entre autres de tester vos connaissances cinématographiques sur cet énorme succès. Dans *Stars* vous sont proposées quelques citations de stars du cinéma comme Sir Anthony Hopkins, Hugh Grant. Pratique pour des renseignements rapides sur le cinéma moderne.

http://www.britmovie.co.uk/

Beaucoup plus approfondi que le précédent, ce site met à portée d'écran l'ensemble du cinéma du Royaume-Uni. On y trouve notamment *The Third Man* de Carol Reed, magnifique adaptation du roman de Graham Greene, *Lawrence of Arabia* de David Lean. La recherche peut être effectuée par film, par ordre alphabétique – ce qui présuppose que l'on se rappelle du titre anglais –: cliquez sur « S » et tous les films commençant par cette lettre s'afficheront à l'écran ; il ne reste plus qu'à choisir le film. Les archives regroupées par les auteurs du site *BritMovie* sont mises à jour régulièrement et l'on peut remonter loin dans le temps (1927 avec *Shooting Star* de Anthony Asquith). À chaque film, le détail de la *production Team,* le *plot synopsis* et *cast*. D'autres rubriques vous mèneront vers les metteurs en scène, l'histoire, les studios de production. Un site complet sur lequel naviguer se révèle être une tâche aisée.

Monty Python

http://www.pythonline.com/

Superbe accueil sur le site officiel des Monty Python dont les commentaires sont à l'image de l'humour de leurs films… on aime ou non, mais la visite vaut un petit détour. Les rubriques : *Archives, The Spam Club, Shopping, New Stuff, Detour, Chit Chat, Plugs.* À vous de naviguer sur la planète délirante des Monty Python.

http://www.intriguing.com/mp/

Vous serez accueillis par ces mots : *Welcome to the completely unauthorized, completely silly, and completely useless Monty Python web site ! Questions you may be asking yourself if you stumbled on this page by accident are : what is my purpose in life, and who the hell is Monty Python ? Well,*

I may not have the answer to your first question, but I can answer the second one. L'ensemble de cet énorme site reste dans le même ton... Il vous propose des dizaines de courts extraits sonores des films *Monty Python and The Holy Grail, Monty Python's Flying Circus, Monty Python's Life of Brian, Monty Python's The Meaning of Life,* extraits video du *Flying Circus et The Holy Grail,* et surtout, très utile, les scripts de presque tout Monty Python. Un site magnifique pour tous leurs fans et ceux qui veulent tenter d'initier leurs élèves à cet humour de l'absurde.

Wallace and Gromit

http://www.aardman.com/wallaceandgromit/index.shtml

Site officiel. Actualités concernant les deux héros, shopping et renseignements sur les films.

10 La presse

L'importance de la presse écrite et de la presse électronique est telle que nous avons préféré vous indiquer ci-dessous quelques adresses électroniques et les tendances générales des journaux cités. Vous trouverez sans difficulté les journaux qui n'apparaissent pas ici. Certains journaux électroniques sont accessibles librement, les autres exigent que vous vous inscriviez en ligne, pour certains gratuitement, pour d'autres que vous vous abonniez.

The BBC Online

http://news.bbc.co.uk/

Éducation, politique, sciences et technologies, sport, actualité : site vaste qui aborde des sujets très variés.

The Daily Telegraph

http://www.telegraph.co.uk/

Enregistrement gratuit mais obligatoire.

The Economist

http://www.economist.com/

Hebdomadaire : accès libre à des articles sur les sujets d'actualité.

The Financial Times

http://www.ft.com/

Vous devez vous enregistrer, gratuitement, pour accéder aux nouvelles du monde, de la finance, mais également des *World News, Business News, Travel, Sports...*

The Guardian

http://www.guardian.co.uk/

The Independent

http://www.ft.com/

Les rubriques sont très variées, beaucoup d'articles.

The Irish News Online

http://www.irishnews.com/

Journal de Belfast : politique et sport pour l'essentiel.

The Scotsman

http://www.scotsman.com/cfm/home/home.cfm

Actualités générales : sports, arts, loisirs, culture, les nouvelles écossaises et l'accès à deux autres journaux : *Evening News* pour Édimbourg et *Scotland on Sunday*.

The Sunday Times

http://www.sunday-times.co.uk/

Sujets divers.

The Times & Sunday Times

http://www.the-times.co.uk/

Accès à tous les articles après inscription –gratuite.

11 Radio et télévision

Radio

http://www.bbc.co.uk/radio/

Sur le site de *BBC Online*, vous trouverez des liens vers les principales radios britanniques : cliquez sur une radio, vous lirez alors les programmes de la journée et celles à venir. Une idée : vous pouvez écouter une émission en direct ou en retransmission sur votre PC tout en continuant à travailler, également écouter des poèmes contemporains lus par leurs auteurs *(Radio 3, Poetry) :* un régal !

Les chaînes TV

http://freespace.virgin.net/peter.culley/history.htm

L'histoire succinte des principales chaînes de télévision britannique : *BBC1, BBC2, ITV, Channel 4, Channel 5, Sky.*

http://www.bbc.co.uk/entertainment/soaps/

Possibilité de se renseigner sur tous les *soaps* diffusés par la BBC, y compris la célébrissime série TV britannique *Eastenders* (http://www.bbc.co.uk/eastenders/home.shtml), véritable Dallas anglais qui dure depuis des années… ou l'émission *Top of the Pops.*

http://www.itv.co.uk/

Pour se renseigner sur les programmes, les personnalités de la chaîne indépendante ITV.

http://www.citv.co.uk/home/city

La chaîne ITV spéciale enfants.

The Avengers

http://www.originalavengers.com/home.html

Des clips, des photos et des informations concernant les tournages et les coulisses.

Mr Bean

http://www.dsv.su.se/~mats-bjo/bean/bean.html

Consacré au célèbre *Mr Bean*, ce site vous permet d'écouter de nombreux mais courts extraits audio de ses aventures, télécharger des photos, de vous renseigner sur l'acteur, Rowan Atkinson et sur le film *Mr Bean the Movie,* de participer à un forum de discussions, d'acheter en ligne des vidéos... La dernière mise à jour remonte à 1997, les informations concernant les épisodes les plus récents manquent donc.

The Prisoner

http://www.the-prisoner-6.freeserve.co.uk/

Superbe site très documenté sur cette série culte qui fascina des générations : guide des épisodes, photos, enregistrements sonores. Un must !

12 Londres : tourisme, musées...

Sites généralistes

http://www.capital-calling.com/history.htm

Histoire de la capitale, des Romains à nos jours, agrémentée de dessins et photos.

http://www.capital-calling.com/sights-tour.htm

Choisissez le quartier de Londres, le monument ou le musée qui vous intéresse en cliquant sur la carte du Londres central : vous pourrez ainsi découvrir sur une page, des photos ainsi qu'une brève description du lieu choisi. Pour une visite très rapide.

http://www.london-capital.com/

Le guide en ligne de Londres : *London Art Scene, Pubs and Bars, Restaurants, Theatre, Sights...* Cliquez sur la rubrique de votre choix et vous trouverez une multitude d'adresses à tester sur place. Certaines rubriques semblent être encore en construction, à surveiller.

http://www.londonnet.co.uk/

Site généraliste sur Londres où vous trouverez une multitude d'informations concernant le temps du jour, les hôtels, les pubs, les musées et les curiosités. Renseignements sur les marchés, les parcs... Très pratique, mais certaines pages ne sont pas encore complètes.

Parks and gardens

http://www.s-h-systems.co.uk/london/parks

Liste des parcs et jardins de Londres, avec leur histoire, mais malheureusement pas de photos.

http://www.open.gov.uk/rp/rphome.htm

Renseignements concernant les heures d'ouverture au public, les équipements et activités proposées. Pas de photos non plus.

Time Out London

http://www.timeout.com/

Le guide détaillé de tous les spectacles londoniens, les pubs et restaurants. Indispensable.

British Museum

http://www.thebritishmuseum.ac.uk/

Magnifique accueil sur le site officiel du *British Museum*. Naviguer à travers le site vous permettra de consulter les horaires d'ouverture, les conditions de réservation de visites de groupes, de visiter les collections permanentes.

Cutty Sark

http://www.cuttysark.org.uk/

Le site officiel du Cutty Sark est en restauration : histoire, *shopping* en ligne, photos et visite virtuelle. Pour entrer dans le site, déroulez la page d'accueil jusqu'en bas, puis cliquez sur la main *Click to move onward*.

Hampton Court et quelques palais royaux

http://www.hrp.org.uk/

Site officiel des *Historical Royal Palaces : Hampton Court, Kew Palace, Kensington Palace, The Banqueting House, The Tower of London*. Visite virtuelle, histoire, renseignements pratiques pour le visiteur individuel et pour les groupes, éducation, dates des événements culturels à venir, visite du *Maze*, des cuisines, jardins, appartements de Henry VIII. Pratique et esthétique.

http://www.the-eye.com/hcintro.htm

Photos, musique et galerie de portraits des rois et reines qui vécurent à Hampton Court accompagnent cette visite virtuelle du Palais.

HMS Belfast

http://www.iwm.org.uk/belfast.htm

Le site officiel du HMS Belfast ancré en plein Londres sur la Tamise. Histoire du bâtiment, photos et heures d'ouverture au public ainsi que les tarifs pratiqués.

London Dungeon

http://www.thedungeons.com/

Accueil musical joyeux puis inquiétant avec des bruits de portes qui grincent. À vous de choisir la clé qui vous ouvrira la porte du *Dungeon* pour entrer sur ce site superbe. Le téléchargement du fichier (vous aurez besoin de *Real Player*) qui prend quelques minutes à peine est ponctué de sang qui goutte doucement….pour vous mettre dans l'ambiance de ce musée un peu « gore » mais qui semble être beaucoup apprécié. Renseignements pratiques (possibilité d'acquérir les tickets en ligne), présentation de *Mary Queen of Scots* et des accusations qui ont pesé sur elle, ainsi que des éléments de sa défense, à vous ensuite de voter *Guilty* ou *Innocent*. Très esthétique et « convivial ».

London Eye

http://www.british-airways.com/londoneye/

Le site officiel de la grande roue de Londres. Informations intéressantes sur les technologies mises en œuvre, la construction et quelques renseignements dignes du livre des records : le poids d'un câble, poids total de la roue, longueur totale des câbles… et aussi les horaires d'ouverture, les tarifs, le plan d'accès.

London Museum

http://www.museum-london.org.uk/

Site officiel du Musée de Londres, qui retrace l'histoire de la capitale, de la préhistoire à nos jours. Présentation des expositions permanentes et temporaires et des renseignements pratiques nécessaires à l'organisation d'une visite de groupe.

London Transport Museum

http://www.ltmuseum.co.uk/

Site officiel du Musée des Transports. Un peu trop touffu peut-être mais très complet et vous y trouverez de quoi organiser efficacement vos visites, tant au niveau pratique (comment réserver, horaires, tarifs...) que pédagogique *(Education Resources)*, les expositions, les renseignements sur les transports londoniens contemporains.

Madame Tussaud's

http://www.group-trotter.net/uk/places/tussaud/tussaud.html

Quelques renseignements sur l'histoire de Madame Tussaud, les tarifs et les contacts.

http://www.madame-tussauds.com/

Site officiel du groupe Tussaud, présent à Londres bien sûr, mais également à Amsterdam, Hong Kong, Las Vegas et New York : les visites, tarifs horaires, réservation en ligne, histoire de Madame Tussaud. Liens vers les autres musées membres du groupe, comme le *London Planetarium*, le *Rock Circus*.

Millenium Dome

http://millennium.greenwich2000.com/

Pour de belles photos du Dôme, en petit format.

http://www.european-history.com/y2kdome.html

Site officiel du *Millenium Dome.*

http://www.dome2000.co.uk/static/flash/index.htm

Visite du site par le biais de questions pre-posées : cliquez sur celle qui correspond à votre demande dans le rectangle de droite, la réponse suivra rapidement. Vous pouvez également effectuer votre recherche par *Subject* pour accéder à la page qui vous intéresse. De belles photos couleurs à agrandir, des renseignements pratiques sur les horaires, les visites de groupes, réservations de tickets, un quiz…

National Museum of Science and Industry

http://www.sciencemuseum.org.uk/

Site du Musée des Sciences avec toutes les informations pratiques relatives aux visites, (individuelles ou groupes scolaires) et aux expositions présentées.

National Portrait Gallery

http://www.npg.org.uk/

Site officiel du musée situé sur le flanc de la *National Gallery*. Utile à consulter pour préparer et organiser une visite : l'histoire, les différentes collections et manifestations, un lien vers le département éducation, le plan du musée qui abrite des milliers d'œuvres (peintures à l'huile, dessins, miniatures, caricatures, sculptures et aquarelles).

Natural History Museum

http://www.nhm.ac.uk/

Site du musée d'histoire naturelle, très, très complet !
Cliquez sur le *Quick Index* et vous aurez accès à toutes les salles du musée, classées par thème : *Life Galleries, Earth Galleries…* Dans *Dinosaurs* vous pourrez lire les fiches concernant « Albertosaurus », les « Pachycephalosaurus » et quelques dizaines d'autres. Les auteurs du site ont eu une riche idée : nous proposer la prononciation des noms de ces bêtes, parfois un peu compliqués… Une multitude d'informations donc pour un site bien conçu et sur lequel il est aisé de naviguer.

Ponts de Londres

http://www.london-online.org.uk/content/history-bridges.html

L'histoire – succincte – de quelques ponts londoniens, ainsi qu'un forum de questions/réponses où vous pouvez demander des renseignements complémentaires sur le net.

http://lakehavasu.com/culture/

L'histoire peu ordinaire *du London Bridge* et de son achat par Mr MacCulloch et du transport du pont à Lake Havasu en Arizona.

St Paul's Cathedral

http://www.stpauls.co.uk/rindex.htm

Le site officiel de la Cathédrale St-Paul, très complet : visite virtuelle de la cathédrale, histoire, plan de la crypte et des tombes de Nelson, Wellington et Wren. Il serait même possible de visionner des photos en plan panoramique 360°. Actuellement cette fonction ne semble pas être opérationnelle : à suivre.

http://findagrave.com/cemeteries/793.html

La liste de toutes les personnalités enterrées dans la crypte de la cathédrale ou représentées par un mémorial ou un cénotaphe. Cliquez sur un nom et vous serez dirigés sur une page où sont recueillies des informations sur la personne ainsi que la photo de la tombe.

Sherlock Holmes Museum

http://www.sherlock-holmes.co.uk/

Site officiel du Musée de Sherlock Holmes à Baker Street. Vous aurez ici accès à des informations pratiques, une visite du musée et du magasin, photo d'époque de Baker street. Vous pouvez également écouter la musique de la série télé Sherlock Holmes.

http://www.sherlock-holmes.org.uk/index.html

Site de la *Sherlock Holmes Society of London*: publication d'un journal sur le célèbre détective, rencontres sur des thèmes liés à *Career, Life and Times of Sherlock Holmes*.

Tate Gallery

http://www.tate.org.uk/

Site officiel de ce superbe musée : renseignements pratiques, expositions permanentes et temporaires. Des liens vous mèneront à la *Tate St-Yves*, à la *Tate Liverpool*. Site dynamique et bien conçu.

Tower of London

http://www.hrp.org.uk/tol/indextol.htm

Site officiel de la Tour de Londres. Dans la rubrique *What to see* vous pourrez consulter une présentation brève des différents points de visite de la Tour, *Education* vous renseignera sur les modalités de visite pour les groupes scolaires, *Events and Diary* sur les manifestations prévues pour l'année 2000.

http://www.toweroflondontour.com/

Site non officiel de la Tour de Londres sur lequel vous êtes accueillis en musique par *Rule Britannia*. Visite virtuelle de la Tour et de ses environs : photos, histoire. Dans *Kids'tour*, l'histoire est racontée par l'un des corbeaux. Si vous recherchez un lieu ou un personnage relatif à la Tour de Londres, deux méthodes de recherche sont possibles : méthode 1, vous cliquez sur le nom qui vous intéresse dans la liste, méthode 2, vous entrez un mot-clé. La première version semble fonctionner nettement mieux que la seconde.

http://www.camelotintl.com/tower_site/index.html

Site non officiel sur la Tour de Londres, esthétique, sur lequel vous êtes accueilli, en paroles, par le bourreau, les pages suivantes sont accompagnées de belles musiques comme *At the Court of the King*, *March of the Knights Templar*. Vous y trouverez l'histoire des prisonniers de la Tour, l'histoire et légende des corbeaux, les traditions et cérémonies, les joyaux de la couronne, les Beefeaters. Un très beau site bien documenté, varié et agréable qui appartient au groupe *Camelot International*, une *hotel representation company*, basée en Grande-Bretagne et aux États-Unis. Des liens nombreux vers des sites relatifs à la Grande-Bretagne.

Victoria & Albert Museum

http://www.nal.vam.ac.uk/

Site officiel du *Victoria & Albert Museum*: les renseignements pratiques d'usage, les expositions, catalogues, collections, archives…

Westminster Abbey

http://www.westminster-abbey.org/

Le site de l'Abbaye de Westminster avec les informations relatives aux visites, l'histoire, les manifestations à venir. Très complet et esthétique de surcroît. Des pages consacrées aux *Bell Ringers* de l'Abbaye, à la *Queen Mother*: vous pourrez profiter de photos couleurs et noir et blanc, et aussi écouter la musique jouée à son mariage (nécessité d'avoir *Real Player*).

13 Londres : magasins et marchés

Voici listés quelques magasins londoniens de renom : vous pourrez y découvrir leurs spécialités, parfois leur histoire, et souvent vous pourrez même commander certains produits en ligne.

Foyles

http://www.infed.org/walking/wa-foyl.htm

La librairie où l'on trouve tout, ou presque.

Hamleys

http://www.hamleys.co.uk/

Le site du célèbre magasin de jouets de Londres : on peut y chercher le jouet de nos rêves en fonction de son prix, du genre, de l'âge de son futur propriétaire.

Harrods

http://www.harrods.com/

Possibilité d'imprimer le plan du magasin (7 pages) si vous êtes munis de Adobe Acrobat. Peut être utilisé pour travailler en classe.

Liberty

http://www.liberty-of-london.com/index2.htm

L'un des plus anciens magasins de Londres.

Camden Lock Market

http://www.camdenlock.net/camdenlock/history/history.html

L'histoire de ce quartier animé de Londres et de ses canaux (elle débute en 1791 avec Earl Camden) est accompagnée de quelques photos.

Covent Garden

http://www.coventgardenmarket.co.uk/

Joli site bien conçu dans lequel on peut se renseigner sur l'histoire du célèbre Covent Garden : histoire représentée visuellement par de très belles photos, noir et blanc, couleurs et cépia. Et bien sûr, Covent Garden de nos jours avec le plan du quartier des artisans et des magasins, les animations de rue, une carte interactive, un calendrier des manifestation… Certaines pages sont encore en construction, alors à surveiller.

Portobello Market

http://www.londonci.demon.co.uk/

Guide virtuel du quartier de Portobello. Vous commencez la visite dans le métro, puis vous cliquez sur des flèches pour vous diriger, à votre gré. Certains secteurs sont accompagnés de musique.

14 Villes et hauts-lieux touristiques

Site généraliste

http://www.aboutbritain.com/

Site très bien conçu où vous pourrez effectuer une recherche par ville : une rubrique avec les photos des villes les plus connues, puis une liste alphabétique des villes « secondaires ». Les renseignements donnés sont succincts mais donnent un bon aperçu des lieux décrits. En cliquant sur *London* vous trouverez des descriptions de quelques attractions touristiques comme Big Ben, the Cenotaph, Buckingham Palace…

Cartes géographiques

http://uk2.multimap.com/

Cliquez sur la Grande-Bretagne pour obtenir une vue détaillée des régions, des villes, des rues.

http://www.geo.ed.ac.uk/home/scotland/

Cartes des régions et des villes écossaises.

Bath

http://www.milford.co.uk/england/places/bath.html

Histoire de Bath, architecture, visites, renseignements pratiques pour les futurs visiteurs.

Cambridge

http://www.stirbitch.com/cantab/

Le premier de deux sites complémentaires sur la ville de Cambridge et son histoire normande, romaine, médiévale, universitaire, architecturale… Sur ce site : histoire universitaire, histoire des ponts de la ville, photos.

http://bridge.anglia.ac.uk/~systimk/History/Cam/History.Html
Histoire de Cambridge, de la période pré-romaine à nos jours.

Cornouailles

http://www.connexions.co.uk/

Cornish Connexions regroupe sur un seul site tous les renseignements dont vous aurez besoin pour organiser votre séjour ainsi qu'un chapitre *Culture and Traditions* et de belles photos sur les sites touristiques principaux.

Écosse

http://www.scotweb.co.uk/

Toute l'Écosse dans un site : renseignements sur le pays du poète Burns, sur le whisky, et aussi sur les tartans. Un site particulièrement développé sur lequel vous trouverez sans aucun doute tous les renseignements que vous recherchez.

http://www.touristnetuk.com/Sc/

Le tourisme en Écosse : carte du pays et principaux sites touristiques.

http://www.visitscotland.com/

Le site du *Scottish Tourist Board*: tous les renseignements utiles pour organiser votre visite.

http://homepages.ihug.co.nz/~dougski/thistle.html

Accueil au son de la cornemuse pour l'histoire du *Thistle*, symbole de l'Écosse.

http://www.tartans.scotland.net/

Tout sur le tartan d'hier et d'aujourd'hui : il est possible de rechercher les tartans des différents clans, d'en connaître la signification, la création, l'histoire.

http://www.geo.ed.ac.uk/home/scotland/scotland.html

Site exhaustif sur l'Écosse : tourisme, histoire, caractéristiques géographiques, musique, célébrités. Très bien conçu et convivial, ce site fourni une mine de renseignements indispensables ainsi qu'une multitude de liens.

Lake District

http://www.cumbria-the-lake-district.co.uk/

Possibilité de commander une brochure touristique en ligne sur ce joli site du *Lake District*. Visite par secteur, avec histoire, galerie photos (à agrandir en cliquant sur la photo sélectionnée), traditions, adresses utiles, activités, renseignements concernant les visites de groupes.

Oxford

http://www.touristnetuk.com/wm/oxford/areamain.htm

Adresses utiles pour qui souhaite se rendre à Oxford et rapide historique de la ville.

http://www.admin.ox.ac.uk/outline/content.htm

Histoire de l'université, cartes de la ville, mais surtout beaucoup d'informations sur l'université elle-même (organisation, étude...) : bien normal puisque vous êtes ici sur le site de l'université d'Oxford.

Pays de Galles

http://www.wales-calling.com/index.htm

Tout sur le Pays de Galles : histoire et folklore local, visites, liste des hôtels, châteaux, faune, culture, que boire et que manger...

http://www.wales-calling.com/culture/leek-and-daffodil.htm

Une page qui appartient au site précédent. Intéressant pour connaître l'historique des symboles du Pays de Galles : le poireau et la jonquille.

http://www.ac-grenoble.fr/isle/galles02.htm

Site de l'académie de Grenoble (Collège de Lisle à Vienne) : drapeaux et emblèmes, et notamment le drapeau gallois, ainsi que l'hymne national à écouter.

Stonehenge

http://www.stonehenge-avebury.net/

Explications complètes sur l'histoire de ce site étrange, les théories concernant son usage et les informations pratiques pour les visites. Également des photos intéressantes, notamment celle du visage humain sculpté dans la pierre.

Stratford-upon-Avon

http://www.stratford-upon-avon.co.uk/

Le site de la ville de Shakespeare : musées, lieux à visiter, horaires, programmes des manifestations, cartes, les visites alentours. Très complet.

Ulster

http://www.interknowledge.com/northern-ireland/

Site du *Tourist Board* nord irlandais : toutes les informations relatives aux hauts-lieux du tourisme, comme la *Giant Causeway*, la cuisine, l'hébergement, les dates des manifestations culturelles, où faire du *birdwatching, walking, hiking and horseback.*

http://www.ni-tourism.com/index.asp

Très bel accueil sur ce site de l'office du tourisme nord irlandais : visite virtuelle de plusieurs lieux touristiques.

15 Webcams

http://www.camvista.com/england/london/index.php3

Plusieurs live cam sont installées à Londres. Sur ce site vous pourrez choisir entre les vues suivantes : *Big Ben, Trafalgar Square, Leicester Square, the Millenium Wheel, the Millenium Dome*, *Sharks* (de l'aquarium *of course* !), *Soho et Tower Bridge*. Les images sont renouvelées en moyenne toutes les 5 secondes ce qui donne un « film » un peu saccadé, mais néanmoins, il s'agit de « direct » !

16 Cuisine

Recettes

http://www.bbc.co.uk/food/recipes/search.shtml

Le service recettes de *BBC Online :* choisissez le type de repas que vous souhaitez préparer, il vous restera à choisir parmi des dizaines de recettes.

Christmas Pudding

http://saveurs.sympatico.ca/ency_11/plumpoud.htm

Photos, recettes et ingrédients pour la confection de ce monument culinaire ! Deux versions du *Xmas pudding* sont disponibles : une pour les cuisiniers pressés (ou ceux qui se réveillent au dernier moment), une pour les puristes. La version « pressée » vous demandera 7 heures, la « vraie » version, la bagatelle de 216 heures. Quelle que soit celle choisie et même si vous ne vous sentez pas le goût de vous lancer dans l'aventure, il est intéressant d'apprendre que la tradition exige que l'on insère 6 objets dans le pudding : deux bagues qui symbolisent l'amour, une pièce de six pence, symbole de prospérité, un bouton de culotte (il représente le vieux garçon), le dé (pour la vieille fille) et le petit cochon qui désignera le gourmand de la table.

http://www.santas-factory.com/

Cliquez sur la rubrique *Recipe* pour lire les recettes de Noël : du *Plum Pudding* au *Rich Christmas Pudding* – en passant par le *Budget Christmas Pudding !*

Écosse

http://scottishculture.about.com/culture/scottishculture/library/blrecipe_index.htm

Un site généraliste où vous trouverez de quoi cuisiner écossais pour tous les jours de l'année… Quelques noms : *Abernethy biscuits, Cock-a-Leekie Soup, Crumpets, Scotch Eggs, Café au Drambuie, Shepherd's Pie, Shortbread.*

Le Haggis

http://www.smart.net/~tak/haggis.html

http://www.staff.uiuc.edu/~nhbaker/haggis/

Impossible de parler de cuisine écossaise sans présenter le célèbre *Haggis*, la légende (Si le mystérieux « dahut » est chassé en France, en Grande-Bretagne on chasse plutôt le *Haggis*), et le plat… un peu particulier. Vous trouverez ci-dessus deux sites intéressants qui vous proposent la recette du *Haggis* déclinée en plusieurs versions.

Toffee Apples

http://www.hwatson.force9.co.uk/cookbook/recipes/confect/toffeeapples.htm

Recette facile pour l'équivalent de nos pommes d'api, tradition lors du *Guy Fawkes Day* en Grande-Bretagne. Remontez l'arborescence de l'adresse pour obtenir la liste de toutes les recettes (jusqu'à *cookbook*).

17 Fêtes et traditions

Site généraliste

http://www.web-holidays.com/

Vous pourrez ici vous renseigner sur diverses fêtes et traditions, britanniques et autres.

April Fools' Day

http://www.web-holidays.com/fools/

Origine – succincte – de la tradition, des jeux et activités, une foule d'idées de repas amusantes.

http://www.usis.usemb.se/Holidays/celebrate/april.html

Histoire du *April Fools' Day* et des poissons d'avril.

Guy Fawkes' Day

http://web.idirect.com/~redsonja/guy/

Site sur le personnage central du *Gunpowder Plot* que les britanniques célèbrent chaque 5 novembre. L'histoire y est expliquée dans un anglais simple.

http://www.innotts.co.uk/~asperges/fawkes/

Autre site intéressant sur le complot, accompagné de commentaires audio de l'auteur du site et possibilité d'écouter de la musique.

http://www.scrapalbum.com/agfp1.htm

Très jolie page richement décorée qui raconte l'histoire de Guy Fawkes.

Noël

Ces sites retracent l'histoire de la fête, les traditions observées dans différentes régions, donnent des idées de jeux, de recettes.

http://www.wickham.newbury.sch.uk/xmas/xmastory.html

Essentiellement l'histoire.

http://members.tripod.com/~newyearseve/

Musique, animations, explication des traditions anglaises, cartes postales virtuelles, histoires de Noël…

http://www.primenet.com/~kringle/Main-Carols.html

Christmas Carols: les paroles de nombreux chants de Noël.

http://www.nevada.edu/~blake/Christmas.carols.html

Traditional Christmas Carols.

Notting Hill Gate Carnival

http://www.cerbernet.co.uk/london-calling/carnival-95/

Histoire, carte avec l'itinéraire des manifestations musicales, photos.

Red Nose Day

http://www.rednoseday.beeb.com/home_new.html

Présentation du *Comic Relief Day*, pourquoi et comment apporter votre participation.

Valentine's Day

http://www.intellmktg.com/im/inlove/val_hist.htm

Site instructif et amusant : histoire de la tradition et possibilité d'envoyer une carte de Loveland, Colorado.

http://www.pictureframes.co.uk/pages/saint_valentine.htm

Tout de rose décoré, ce site propose l'histoire de la Saint-Valentin, traditionnelle et racontée à la première personne. Le plus : les différentes pratiques autour de cette fête, en Angleterre et au Pays de Galles.

18 La météo

http://www.metoffice.gov.uk/weather

Quels vêtements conseiller à vos élèves pour vos voyages ? Sur ce site, les prévisions météo de toute la Grande-Bretagne.

19 Loisirs : pubs, boissons, sports

Londres

http://pubs.com/azlist.htm

Les pubs londoniens de A à Z. Les descriptions des pubs inscrits sur ce site sont très détaillées, une recherche est proposée en fonction de vos critères : pub au bord de l'eau, avec jardin, possibilité de consommer à l'extérieur, enfants autorisés ou non, accès handicapés, les activités proposées.

La bière

http://www.bieres.com/antiq.html

Histoire de la bière, des Sumériens aux Égyptiens, des Romains à nos jours ; la composition, les différentes sortes, les étapes du brassage…

Le whiskey

http://www.whiskyweb.com/history/

Histoire et légendes sur le whiskey. Des cartes et des visites des hauts-lieux de cette boisson née il y a environ 500 ans en Écosse.

Les sports

http://www.drones.freeserve.co.uk/

Site qui vous conduira vers les musées, livres et vidéos consacrés au sport en Grande-Bretagne, et vous mènera vers plus de 1000 liens concernant le cricket, le squash, le *soccer*…

http://www.geo.ed.ac.uk/home/scotland/sports.html

Le sport en Écosse : football, golf, rugby, pour les principaux (liens vers les clubs et associations sportives) et les autres : escalade, VTT, pêche et ski.

20 Les transports

Londres

http://www.london-taxis.co.uk/

Accueil par un taxi noir rutilant sur ce site officiel des *London Taxis*.

http://www.londontransport.co.uk/

Le site de tous les transports londoniens qui vous renseignera sur l'actualité, les cartes, le transport fluvial…

http://www.londonbuses.co.uk/

Utile si vous recherchez des itinéraires de bus. Des photos, l'historique des lignes.

http://www.londonbuspage.com/

Pour les passionnés de bus londoniens… Une multitude de renseignements techniques et détaillés sur les bus, des photos, les itinéraires des lignes.

http://www.netlondon.com/transport/underground/index.html

Tout sur le fameux *London Underground*: carte, projets, guide du métro, même des poèmes ! Vous trouverez ici toutes les informations nécessaires pour vous déplacer sous terre dans la capitale.

http://ripper.wildnet.co.uk/tubes.htm

Histoire de la naissance du métro londonien, agrémentée de quelques photos et de la chronologie de l'ouverture des lignes.

Eurostar

http://www.eurostar.co.uk/

Site officiel d'Eurostar sur lequel vous obtiendrez des renseignements utiles en ce qui concerne les horaires et les tarifs, les promotions.

7

Les États-Unis

1 Bandes dessinées

Calvin and Hobbes

http://www.reemst.com/calvin_and_hobbes/

Comment faire ? Le net regorge de sites passionnants sur Calvin et son tigre qui vous offrent des dizaines de planches de leurs aventures, des quiz, la possibilité d'envoyer des cartes postales.... Ils sont tous superbes, difficile de les départager ! Ce site fournit des planches et des animations.

http://www.calvinandhobbes.com/

Site officiel. Des planches des bandes dessinées, des cartes électroniques.

Garfield

http://www.garfield.com/

Possibilité, en plus de la lecture des planches, de concevoir et d'envoyer ses propres cartes électroniques mettant Garfield en scène. Site officiel.

Peanuts

http://www.unitedmedia.com/comics/peanuts/

Site officiel du 50e anniversaire de *Peanuts*, bande dessinée née le 2 octobre 1950 (la première à mettre en scène plus de deux ou trois personnages), et de *Charlie Brown* et ses compagnons d'aventures *Snoopy, Lucy, Linus* et *Woodstock*. Très complet, ce site propose toute une série de jeux, de films vidéo, le programme des manifestations et défilés liés à l'événement, expositions, livres. Un grand nombre de planches à lire, des curseurs à télécharger, des jeux, 5 petits films à regarder en ligne, cartes électroniques. Une bonne idée : les pages à colorier peuvent être imprimées. Très pratique également pour les liens qui vous mènent vers les sites de *Andy Capp* et des dizaines d'autres BD. Pour vous y rendre, cliquez dans le rectangle *Comics List* en haut à gauche, la liste défilera à l'écran.

Bandes dessinées politiques

http://www.nisk.k12.ny.us/fdr/FDRcartoons.html

Bandes dessinées à caractère politique : il s'agit de dessins humoristiques parus à l'époque du *New Deal*. Très intéressant bien qu'il soit difficile de voir les dessins en pleine page : vous devrez manipuler les ascenseurs de côté et du bas pour les visionner en entier.

2 Littérature

Internet regorge de sites sur la littérature dont un grand nombre sont de très bonne qualité, que leurs auteurs soient des amateurs passionnés ou des professionnels. Impossible donc de proposer une liste exhaustive des auteurs américains et de leurs œuvres…

Dans « Sites généralistes » (chapitre 6 : littérature) vous trouverez des sites proposant une multitude de liens utiles vers le monde de la littérature anglophone, ainsi que les bibliothèques virtuelles qui offrent des centaines d'œuvres à consulter en ligne. Bien sûr, l'écran n'est pas aussi agréable que le livre que l'on touche et sent, mais il est bien utile lorsque LE livre dont on a besoin immédiatement semble avoir disparu !

Nous vous proposons ici une sélection de quelques grands noms de la littérature américaine… en espérant que vous y trouverez votre auteur favori… Le contenu des sites ci-dessous ne sera pas détaillé dans la mesure où la plupart d'entre eux présente le même schéma directeur : biographies, quelques œuvres maîtresses à consulter en ligne, des photos, des gravures, des citations.

Richard Bach

http://server.dugonics-szeged.sulinet.hu/irodalom/jonathan/jonatan2.html

Ray Bradbury

http://www.brookingsbook.com/bradbury/biography.htm

John Dos Passos

http://www.lib.virginia.edu/speccol/colls/dospassos.html

F. Scott Fitzgerald

http://www.france3.fr/fr3/ecrivain/fitzger.html

Alex Haley

http://www.kirjasto.sci.fi/ahaley.htm

Edgar Allan Poe

http://bau2.uibk.ac.at/sg/poe/poe.html

http://www.poemuseum.org/

Edgar Allan Poe Museum.

John Steinbeck

http://www.steinbeck.org/index2.html

Le *National Steinbeck Center* à Salinas.

Mark Twain

http://etext.lib.virginia.edu/twain/huckfinn.html

Richard Wright

http://www.pbs.org/rwbb/rwpart1.html

Un *Teacher's Guide* interdisciplinaire détaillé.

3 Musique

Le monde anglo-saxon regorge de groupes, de compositions musicales, impossible donc de tous les répertorier. À défaut d'une liste exhaustive, voici donc une liste tout à fait subjective, comprenant quelques incontournables célèbres et certains de nos favoris. À noter que les sites qui suivent comportent le plus souvent des extraits audio ou vidéo qui ne peuvent être écoutés ou visionnés qu'avec les logiciels appropriés, à télécharger gratuitement dans la plupart des cas.

Sites généralistes

http://www.mathematik.uni-ulm.de/paul/lyrics/

http://www.geocities.com/SunsetStrip/Venue/9769/home2.html#perform

http://www.internut.com/lyrics.html

http://files.midifarm.com/midifiles/

Sites à partir desquels il est possible de trouver les paroles de chansons anglo-saxonnes en donnant le titre ou le nom de l'interprète, d'écouter un nombre infini de titres, dans des styles musicaux très variés.

Blues, jazz et swing

http://thebluehighway.com/history.html

Une brève histoire du blues avec quelques liens sur les chanteurs de blues.

http://www.thebluehighway.com/

Tous les plus grands chanteurs de blues avec biographie et extraits musicaux.

http://www.southernmusic.net/

Jazz « Nouvelle-Orléans » classique avec extraits musicaux.

http://www.insideneworleans.com/entertainment/nojazzfest/

Site officiel du festival de jazz de la Nouvelle-Orléans.

http://www.geocities.com/BourbonStreet/5066/

Le jazz « moderne » : Charlie Parker (photos, extraits musicaux etc.). À noter le nombre et la très belle qualité des photos noir et blanc du Bird.

http://www.downbeat.com/sections/home/text/default.asp?from=fans

Liens vers tous les artistes de jazz et de blues avec biographies, extraits musicaux et photos.

http://users.bart.nl/~ecduzit/billie.htm

Site très bien conçu et complet sur la vie et l'œuvre de Billie Holiday.

http://independentmusician.com/louis/

http://tinpan.fortunecity.com/riff/11/

Deux sites très complets sur l'incontournable Louis Armstrong.

http://chnm.gmu.edu/courses/hist409/swing.html

Histoire du swing entre les deux guerres.

Country and Western

http://dir.yahoo.com/Entertainment/Music/Artists/By_Genre/Country_and_Western/Complete_Listing/

Liste complète des chanteurs et musiciens de musique *Country and Western* avec liens vers des extraits audio (il faut communiquer son e-mail, gratuitement, pour y accéder).

Folklore

http://www.contemplator.com/america/

Des dizaines de chansons retranscrites et téléchargeables : du XVIIe siècle avec *The Girl I Left Behind Me, The Willow Tree,* XVIIIe siècle, avec par exemple, *Molly Branigan, Brother's Revenge,* les *French and Indian War, Revolutionary War (Free America, Johnny's Gone For a Soldier),* XIXe siècle ; *War of 1812 (the Star Spangled Banner), Early 1800s to the Civil War (Rosalie, the Prairie Flower), Civil War (Battle Hymn of the Republic), the Gold Rush (Clementine), cowboys...* La liste est longue, le site énorme et les renseignements passionnants. Un outil précieux qui ne se contente pas de fournir une liste : chaque chanson est accompagnée de ses paroles, de musique, du contexte, des références de son auteur. Le plus : une liste de liens est fournie en fin de page, concernant les faits ou personnages mentionnés dans chaque chanson, sur la période traitée.

Pop Rock

http://www.bobdylan.com/

Site comportant la plupart des textes des chansons de Bob Dylan mais malheureusement sans extraits audio.

http://www.ibiblio.org/elvis/elvishom.html

Site non officiel d'un fan d'Elvis Presley : extraits audio de ses morceaux préférés.

http://www.elvis-presley.com/

Site officiel de Elvis Presley. Tout sur lui : des cartes électroniques à la visite virtuelle de Graceland, la *Elvisology*.

http://www.geocities.com/SunsetStrip/3869/woodstock.htm

Tout sur le concert de Woodstock : historique, photos, musique.

4 Peinture

Site généraliste

http://www.fineartlease.com/home.asp

Quelques tableaux d'artistes à découvrir à l'écran : cliquez sur celui de votre choix, il s'agrandira. Peu d'informations sur les artistes.

Norman Rockwell

Un des grands peintres de l'histoire américaine, reconnu principalement pour ses œuvres parues dans le Saturday Evening Post. Touchants, émouvants, ses toiles et dessins sont très réalistes et ont illustré les événements qui ont ponctué l'Amérique des années 1920 à 1960.

The Norman Rockwell Gallery

http://www.paonline.com/zaikoski/rockwell.htm

Photos des tableaux à agrandir.

Norman Rockwell, pictures for the American People

http://www.rockwelltour.org/

Date et lieu des expositions, biographie du peintre, cartes postales électroniques à envoyer gratuitement.

5 Gouvernement, institutions politiques, éducation

Constitution

http://www.usconstitution.net/

Site sur lequel vous pourrez lire la Constitution des États-Unis d'Amérique, ainsi que la Déclaration d'Indépendance, avec si vous le souhaitez, une explication commentée.

Maison Blanche

http://www.whitehouse.gov/

Site officiel de la Maison Blanche.

Partis politiques

http://www.aph.gov.au/library/intguide/pol/polparti.htm

Site du gouvernement australien qui offre des liens vers les partis politiques de très nombreux pays.

Système éducatif

http://www.education-world.com/

Tout sur l'éducation : les acteurs du système éducatif à tous les niveaux, les livres sur l'éducation, les matières enseignées, les enseignants dans leurs classes, des articles et débats sur l'éducation aujourd'hui, un grand nombre de *Lesson Plans* (*Coming to America : Immigration Makes a Nation* par exemple) enrichis de références bibliographiques et beaucoup de liens. Complet, voire un peu touffu.

6 Histoire

Sites généralistes

http://www.thehistorynet.com/

Un site spécialisé dans l'histoire des USA : sélectionnez dans le cadre de gauche la période que vous souhaitez consulter pour accéder aux articles.

http://www.lib.utexas.edu/Libs/PCL/Map_collection/histus.html

Des dizaines de cartes des USA qui couvrent l'histoire du peuplement des États-Unis de l'Est vers l'ouest. Très utile.

http://www.geocities.com/Heartland/Pointe/3048/

Site assez vaste sur l'histoire des USA, accompagné de nombreuses photos et de musique. Également des jeux pour tester ses connaissance. Chapitres sur la *Civil War, States of Our Union Page, US Constitution Page, Theodore Roosevelt...*

The Mayflower

http://members.aol.com/calebj/mayflower.html

Illustrations, histoire, liste des équipages, dimensions du navire, images, reproduction du *Mayflower Compact*, le déroulement du voyage. La rubrique la plus impressionnante est la liste des passagers qui ne se contente pas de décliner les noms, mais présente la date de naissance, de décès, date de mariage de tous les membres de la famille, et parfois même la photographie de la maison qu'ils construisirent ou habitèrent. Site indispensable pour tout connaître sur l'arrivée des premiers colons.

The 13 colonies

http://www.timepage.org/spl/13colony.html

Les treize colonies : cartes, constitutions, histoire, état par état.

Slavery

http://vi.uh.edu/pages/mintz/primary.htm

46 témoignages d'anciens esclaves essentiellement, dont ceux de Frederick Douglass, Harriet Tubman. Émouvant et instructif.

http://lcweb.loc.gov/exhibits/african/afam001.html

The African-American Mosaic, exposition de la *Congress Library* : des documents, témoignages écrits ou photographiés de l'histoire des *African-Americans*, de l'esclavage à l'abolition de l'esclavage. En cliquant sur les photos noir et blanc, souvent très belles, vous pourrez les agrandir et les visionner en pleine page. Également de nombreuses références littéraires.

http://www.fordham.edu/halsall/mod/DUGLAS11.html

Le *e-text* complet de *Frederick Douglass, Narrative of the Life of an American Slave,* 1845.

http://www.afroam.org/history/slavery/index.html

Bon exposé sur la lutte des noirs contre l'esclavage.

http://www.nps.gov/ncro/anti/emancipation.html

Texte de la proclamation par le Président de l'émancipation des noirs le 22 septembre 1862.

http://www.ibiblio.org/docsouth/jackson/jackson.html

L'expérience d'un esclave en Caroline du Sud. Texte sans illustration mais complet et très émouvant.

The American Civil War

http://homepages.dsu.edu/jankej/civilwar/civilwar.htm

Tout sur la guerre civile, classé par ordre alphabétique, de *Archives* à *Women in the Civil War,* en passant par *Battles, Coloured Troops, Movies* et *Photographs*.
Très complet et d'utilisation simple. Site mis à jour régulièrement par la *Dakota State University.*

The Gold Rush

http://www.malakoff.com/gorh.htm ♥

Ce site est articulé autour de quatre chapitres : *Gold ! An Era Remembered* avec l'origine de cette ruée massive vers le grand ouest (cartes, récits, conditions de voyage et de vie : nourriture disponible aux différentes saisons, vêtements, maladies...), *At work and Play* (Justice, culture, religion, alimentation), *Chasing a Dream* (Tous ceux et celles qui tentèrent leur chance : *Latinos Lost in the Rush, Indians' Misfortune, Blacks Prospered, Chinese Left mark, Women in the Gold Rush, Japanese Sailor was First Ambassador*), *a Lasting Impact* (de la naissance d'un état aux conséquences négatives).
Également une rubrique tourisme. Bonne documentation, explications simples et complètes.

http://www.isu.edu/~trinmich/home.html

Autre site particulièrement pertinent sur la ruée vers l'or, dans lequel on trouve les repères historiques, des quiz et tests de connaissance et de vocabulaire ainsi que des *Teachers' Resources.*

Immigration

http://www.ellisisland.org/history.html

Le site officiel de *Ellis Island* nous intéresse ici pour les recherches qu'il est possible d'y effectuer, en ligne, pour retrouver les traces d'ancêtres ayant émigré aux États-Unis, moyennant une contribution financière.

Sacco and Vanzetti

http://www.courttv.com/greatesttrials/sacco.vanzetti/

Site du *Courtroom Television Network*: lettres, témoignages, histoire, et le verdict controversé de ce célèbre procès qui mobilisa l'Amérique entière.

The Great Depression

http://tlc.ai.org/depressi.htm

Nombre très important de sites ressources sur cette période sombre de l'histoire américaine : conférences de l'Université de Wisconsin, photographies, comptes-rendus de la BBC, témoignages audio, la littérature associée à la grande dépression et au *New Deal.* Également le *Teacher's guide to the Depression* avec des suggestions d'activités.

Al Capone

http://www.chicagohs.org/history/

De belles photos noir et blanc constituent l'intérêt premier de ce site sur Chicago entre autres consacré au célèbre gangster.

Prohibition

http://www.cohums.ohiostate.edu/history/projects/prohibition/Contents.htm

Site consacré à la prohibition : son origine, la progression parallèle de la *Brewery Industry,* des lois, des témoignages pour et contre la prohibition. Site tenu par un professeur du *Ohio State University Department of History.*

http://www.prohibitionists.org/

Les *prohibitionists* ont aussi leur site officiel qui vous propose une page histoire.

The New Deal

http://newdeal.feri.org/

Le *New Deal Network* est un site à vocation éducative, qui a reçu l'aval de l'Institut Franklin et Eleanore Roosevelt, ainsi que de l'université de Columbia. Il est très touffu et vous propose une multitude de liens vers des pages et des sites liés au *New Deal*, ainsi que des photos. La rubrique *Classroom Resources* propose des *Activity Sheets* pour accompagner les enseignants, un *Students' Showcase*. Une base de données complète.

The Cold War

http://www.cnn.com/SPECIALS/cold.war/

CNN interactive : cliquez dans le *Knowledge Bank* pour obtenir des informations détaillées sur la guerre froide : chronologie complète (un clic de souris sur l'événement marquant indiqué sur la *timeline* fera apparaître un bref résumé), cartes interactives *(The Iron Curtain, The Korean Conflict…)* pour lesquelles vous aurez besoin de Javascript, des documents historiques et beaucoup de photos interactives pour lesquelles vous aurez besoin de IPIX (à télécharger gratuitement en ligne, en 10 minutes). Un exemple de photo interactive au *Polish Military Museum* à Varsovie, vous pourrez « visiter » le musée en « tournant » la photo pour obtenir des vues différentes. Site un peu touffu mais utile.

http://cmp1.ucr.edu/exhibitions/immigration_id.html

Photographies noir et blanc prises de Ellis Island : photos de Manhattan, de l'arrivée des immigrants, de l'inspection médicale oculaire et examen des femmes… Au total 3 pages comportant 24 photos-témoignages.

McCarthyism

http://webcorp.com/mccarthy/

Site sur lequel vous pourrez entendre un discours de 10 minutes du sénateur Joe McCarthy ainsi que plusieurs autres plus courts, et regarder l'extrait d'une *Mystery Video (Real Media Player* nécessaire). Une curiosité.

NASA

http://www.nasa.gov/

Site officiel de la NASA : très clair, passionnant, à explorer absolument.

7 Black Americans

Organisations des droits civiques depuis 1945

http://www.worldbook.com/fun/aajourny/html/bh120.html

Bref historique mais de nombreux liens vers des sites tels que ceux du parti des *Black Panthers*, du comité des étudiants non violents, des *Black Muslims* etc.

Principaux leaders

http://www.worldbook.com/fun/aajourny/html/bh120.html

Ce site répertorie les 17 principaux leaders depuis 1945 : Jesse Jackson, Malcom X, Martin Luther King... pour une brève biographie.

http://www.worldbook.com/fun/aajourny/html/bh122.html

Trois leaders convertis à la religion musulmane (biographie). Les sites suivants comportent des liens permettant d'accéder à d'autres leaders et à l'histoire des droits civiques des noirs.

Elijah Muhammad

http://www.worldbook.com/fun/aajourny/html/bh099.html

Louis Farrakhan

http://www.worldbook.com/fun/aajourny/html/bh093.html

Malcom X

http://www.worldbook.com/fun/aajourny/html/bh096.html

Martin Luther King

http://www.archervalerie.com/mlk.html

Discours.

http://www.mlkonline.com/

C'est LE site de MLK, pour tout savoir sur ce dirigeant charismatique : sa vie, ses combats, sa famille. Le site est de surcroît beau et bien conçu et comporte nombre de photos et de clips audio et vidéo dont l'intégrale (16 mn) du célèbre discours *I have a dream*, (pour les clips, il est indispensable de disposer de *Quicktime 3* et de *RealPlayer 8* lesquels, si nécessaire, peuvent être téléchargés gratuitement).Un indispensable.

Ku Klux Klan

http://osprey.unf.edu/dept/equalop/oeop11.htm

Histoire du KKK : cent ans de terreur. Site critique, très complet sur le KKK mais un peu aride, sans illustration.

http://www.splcenter.org/intelligenceproject/ip-index.html

Site anti-KKK, austère mais bien documenté et convaincant.

8 Native Americans

Les sites listés ci-dessous (après les trois sites généralistes) convergent tous autour de la même structure : présentation de la tribu, ses chefs les plus célèbres, citations, histoire et légendes, localisation géographique, musique, peinture, la plupart du temps accompagnées de photos et illustrations. Et aussi, les actualités concernant les tribus encore présentes : constitution interne, projets, législation, photos, dates des fêtes, des manifestations comme le rodéo, chasse, pêche, tourisme, casinos, hébergement, recettes de cuisine... La plupart de ces sites sont très bien conçues, la navigation y est aisée. Impossible de lister la totalité de leur contenu tellement les informations sont riches et variées. Un délice pour tous ceux et celles qui souhaitent découvrir les *Native Americans*.

Base de données sur les Indiens

http://www.greatdreams.com/native.htm

Site très complet et convivial (belle musique indienne), incontournable.

Biographies

http://www.thewildwest.org/native_american/index.html

The Wild West Organization. Site organisé autour de 7 rubriques : *Society, Wisdom, Religion, Faces, Legends, Art, Places* où vous pourrez lire les biographies de chefs indiens célèbres et moins célèbres.

Tribus indiennes

http://indy4.fdl.cc.mn.us/~isk/tribes/tribesold.htm

Très beau site qui précise notamment la localisation des tribus. Un nombre particulièrement impressionnant de cartes qui situent les différentes tribus sur l'ensemble du territoire, puis état par état. Très pertinent.

Apaches

http://www.carizona.com/nativeland/sancarlos.html

La réserve de San Carlos.

Cherokees

http://pages.tca.net/martikw/arkansas.html

Les tribus de l'Arkansas.

http://www.wisdomkeepers.org/etil/rpfinchum2.htm

Les tribus du Tennesse.

http://www.cherokee-nc.com/cultural.htm

Un village avec musée.

Cheyennes

http://www.mcn.net/~wleman/otherche.htm

Page d'accueil.

http://americancivilwar.com/statepic/co/co001.html

La bataille de Sand Creek.

Comanches

http://www.tamu.edu/ccbn/dewitt/plumcreek.htm

La bataille de Plum Creek du point de vue de la cavalerie américaine.

Powhatans

http://www.powhatan.org/index.html

La légende de Pocahontas, et le désaccord avec l'histoire racontée par Disney et la version locale.

Séminoles de Floride

http://www.seminoletribe.com/index.shtm

Une rubrique éducative : Discover Native America : Children's Study Guide.

Sioux

http://www.powersource.com/gallery/people/sittbull.html
Sitting Bull.

http://www.sioux.org/
Tribu de la rivière Cheyenne.

http://www.tradecorridor.com/rosebud/powwow.htm
La réserve de Rosebud.

Utes du Nord

http ://www.northernute.com/

9 Les Présidents

Chacun des trois sites répertoriés ci-après (Biographies) décrit la biographie des présidents, leurs résultats aux élections, leur cabinet, leurs *nicknames*: de George Washington à William Jefferson Clinton. Tous les présidents ont leur page : il suffit de taper l'adresse jusqu'à POTUS/ et d'ajouter – sans mettre d'espaces, et en minuscules – l'initiale du prénom et le nom du président choisi. Si cela ne marche pas, intercalez, entre l'initiale du prénom et du nom de famille, l'initiale du 2e prénom. Ouf ! Si vraiment vous avez des soucis pour trouver les deuxièmes prénoms, tapez l'adresse jusqu'à POTUS/ et entrez, la liste magique doit apparaître !
Voici quelques exemples :

Biographies

http://www.ipl.org/ref/POTUS/gwashington.html
George Washington.

http://www.ipl.org/ref/POTUS/usgrant.html
Ulysses Simpson Grant.

http://www.ipl.org/ref/POTUS/wjclinton.html
William Jefferson Clinton.

Présidents de 1953 à 2000

http://docs.whitehouse.gov/WH/glimpse/presidents/html/

Site officiel de la Maison Blanche, complémentaire du précédent : biographies, photos, *First ladies*, vices-présidents. Ici vous devrez effectuer votre recherche dans la liste des présidents que vous trouverez à l'adresse ci-dessous, car il n'y a pas de schéma récurrent dans la construction de l'adresse.

Discours de Présidents

http://www.tamu.edu/scom/pres/speeches/

http://www.quoteland.com/library/speeches/

http://www.nps.gov./malu/documents/speeches_toc.htm

Ces sites et les suivants vous proposent de lire et d'écouter des discours de présidents. Vous pouvez les enregistrer de façon permanente sur votre disque dur. Sur les trois sites ci-dessous, vous pourrez trouver les discours de plusieurs présidents, en lecture uniquement.

http://www.reagan.com/plate.main/ronald/speeches.html

Discours de Ronald Reagan, certains en lecture seule, d'autres en audio.

http://www.archervalerie.com/presidents.html

Extraits de discours audio de quelques présidents américains : Roosevelt et la déclaration de guerre au Japon (14 secondes), annonce de Truman lors du lâcher de la bombe atomique sur Hiroshima (7 sec.), le pardon de Ford à Nixon, Clinton sur l'affaire Lewinsky…

http://www.cs.umb.edu/~rwhealan/jfk/j062663.htm

Discours de J.F. Kennedy à Berlin Ouest le 26 juin 1963, avec entre autres *Ich bin ein Berliner.*

10 Cinéma : studios et sites généralistes

Sur les sites des studios, vous trouverez tous sur les films à l'affiche, les sorties prévues aux États-Unis, les acteurs, souvent des extraits de films ou les *trailers* (bandes annonces), les nouvelles des tournages en cours.

MGM

http://www.mgmua.com/

Les bandes annonces, en plein écran.

Paramount Pictures

http://www.paramount.com/

Twentieth Century fox

http://www.foxmovies.com

Universal studios

http://www.mca.com/universal_pictures/

Walt Disney

http://disney.go.com/disneypictures/index.html

Sites généralistes

http://us.imdb.com/

Une gigantesque base de données sur le cinéma, le box-office, les nouvelles et les photos des acteurs, des tournages, des liens vers des clips audio. Amusante et étonnante, la rubrique *Goofs* qui vous indiquera les erreurs ou omissions répertoriées pour chaque film. Cherchez votre film préféré en entrant son titre dans *Search The database For,* vous y trouverez tous les renseignements concernant les acteurs et leurs biographies, le metteur en scène, le résumé. Outil très performant.

http://www.movieclicks.com/

Pratique pour trouver les adresses électroniques des sites officiels de films récents.

http://www.filmzone.com/

L'objectif des créateurs de *Filmzone* est de fournir au public un guide sur les films récents, dont l'utilisation est aisée. Vous pourrez y consulter les *trailers* d'un grand nombre de films, et dans le futur, des pages consacrées à la télévision.

http://afi.cinemedia.org/

Les auteurs annoncent sur leur site une base de données de plus de 25 000 sites. Impossible à contrôler, mais néanmoins, il est clair que l'on peut trouver un nombre impressionnant de liens sur le monde du cinéma, les artistes…

http://www.hol.gr/cine/cscripts.htm

Très utile pour les enseignants qui souhaitent étudier des extraits de films en classe. Ils trouveront ici des dizaines de scripts de films comme *Aliens III, Star Wars Pt IV, V, VI, Pulp Fiction, Highlander, The Crow, 2001 A Space Odyssey, The Rocky Horror Picture Show*.

http://www.geocities.com/Hollywood/9766/christie.html

Une mine pour les fans des grands classiques du cinéma américain : biographies, filmographies…

The Oscars

http://www.oscar.com/

71 années d'existence de cette récompense : les cérémonies, le déroulement du tapis rouge, la remise de la statuette, vous pourrez presque tout regarder et écouter en ligne sur le site officiel des Oscars. Pour ceux qui souhaitent jouer, cliquez dans la rubrique *Fun and Games* et participez aux concours proposés.

11 Cinéma : les films

Quel film répertorier ? Nous avons choisi ces quelques exemples, soit parce qu'ils illustrent un thème abordé dans les manuels scolaires (guerre de sécession, guerre des gangs, groupes ethniques), soit parce qu'ils connurent un énorme succès à leur sortie, ou sont tout simplement des monuments du cinéma américain. Impossible de dresser une liste exhaustive ! Les sites énumérés ci-dessous présentent dans leur grande majorité les mêmes caractéristiques : script, détails des tournages, biographie et filmographie des acteurs principaux, des metteurs en scène, affiches éditées pour la sortie des films, parfois la bande annonce, et même des extraits sonores ou des interviews.

E.T.

http://www.paradiselost.org/et.html

Script complet du film.

Gone With the Wind

http://www.franklymydear.com/

Site officiel dont l'adresse reprend les paroles de Rhett Butler à Scarlett.

Indiana Jones

http://www.indianajones.com/

Site officiel.

http://www.azstarnet.com/~newmann/ij/

Jurassic Park, The Lost World

http://www.lost-world.com/globalnav/gnf.pl?url=http://www.lost-world.com/

Romeo and Juliet

http://www.romeoandjuliet.com/

Star Wars

http://www.starwars.com/

West Side Story

http://www.filmsite.org/wests.html

Des extraits du script du film et surtout les paroles de chansons, utiles pour illustrer le rêve américain *(America)*, la guerre des gangs *(The Jets Song)*, et la célébrissime chanson *Maria*. Si *West Side Story* peut être l'aboutissement d'une réflexion sur le thème de l'identification à un groupe ethnique aux États-Unis, le film peut, de façon plus ludique, donner lieu à une mise en scène intéressante de la « confrontation » filles et garçons portoricains en chanson.

12 Dessins animés

La grande majorité des dessins animés exploitables date il est vrai, d'un certain nombre d'années voire de décennies… mais reste indémodable. En général d'une durée assez courte, souvent très compréhensibles, même pour des débutants, les dessin animés peuvent fournir l'occasion d'effectuer un travail sur la lecture d'images, la compréhension orale et la restitution de dialogues. À noter, un grand nombre des sites listés ci-dessous offrent des pages de coloriage imprimables. Ils offrent pour la plupart une structure identique : extraits de dessins animés, musique, présentation des personnages principaux (physique, caractère), résumé des épisodes.

The Toon Zone

http://www.toonzone.net/looney/

Site non officiel qui fête les 70 ans de dessins animés de la *Warner Bros, Looney Tunes and Merry Melodies…*

Bugs Bunny

http://www.yesterdayland.com/popopedia/shows/saturday/sa1361.php

http://www.members.tripod.com/kevinmccorrytv/bbrr2.html

http://toonarific.com/looneytunes/looneytunesarchive.html

251 images des héros du dessin animé.

The Flintstones

http://www.yesterdayland.com/popopedia/shows/saturday/sa1055.php

Les Pierrafeu.

The Road Runner Show

http://www.cerbslair.com/ltcc/index.html

Le célèbre Bip Bip.

Scooby Doo

http://www.cartoonnetwork.com/SCOOBY/

Jeux en ligne.

http://www.geocities.com/~zoinks/

Chansons du dessin animé.

The Simpsons

http://www.snpp.com/

Site officiel qui vous renseignera sur tous les personnages, vous dévoilera les épisodes à venir, aux U.S.A et à l'étranger, le guide de plus de 200 épisodes précédents, « l'explication de texte » des épisodes (références cinématographiques, citations…), des articles et des interviews…

South Park

http://www.comedycentral.com/southpark/index2.tin

Site officiel.

http://www.fandom.com/south_park/

Site personnel.

Tom and Jerry

http://tomandjerrythemovie.warnerbros.com/

Wacky Racers

http://www.dfcom.freeserve.co.uk/hbw/wacky/

Les Fous du Volant.

Woody Woodpecker

http://www.yesterdayland.com/popopedia/shows/saturday/sa1417.php

13 La presse

Les 3 sites qui suivent ont des caractéristiques communes :
- richesse du contenu ;
- entrée libre ;
- nombreuses séquences audio et vidéo ;
- informations mondiales et locales ;
- possibilité de s'abonner (gratuitement) pour recevoir régulièrement les nouvelles ;
- possibilité de dialoguer avec chaque média.

Ce sont vraiment des sites professionnels.

The Washington Post

http://www.washingtonpost.com/

The New York Times

http://www.nytimes.com/

The Los Angeles Times

http://www.latimes.com/

14 La télévision : les chaînes

ABC News

http://abcnews.go.com/

Vous pourrez ici télécharger des interviews audio et vidéo, regarder des reportages, visionner des diapositives. Les rubriques annoncées sont très nombreuses *(Politics, World, Technology, Science, Local News…)*, l'écran est encombré de tableaux aux couleurs vives qui rendent sa lecture difficile. Néanmoins très intéressant quand on a finalement réussi à s'y frayer un chemin.

CNN

http://www.cnn.com/

Présentation claire et bien organisée. Informations internationales, politiques, économiques… présentées sous forme d'articles, d'interviews (dont vous pouvez lire certaines transcriptions), de vidéos. Quelques notions techniques sont nécessaires pour être en mesure de télécharger les extraits vidéos et audio : il faut d'abord connaître les caractéristiques de son propre matériel, disposez-vous de *Windows Media Player, Real Player Quick Time*, votre vitesse de connection est-elle de 28 Kbs, 56 Kbs, 80 Kbs ou 300 Kbs ?

NBC

http://www.nbci.com/main/channel/0,2,-vd,00.html

Chaîne plus généraliste : les nouvelles internationales bien sûr, mais moins développées, beaucoup d'informations sur les séries télé.

15 La télévision : les séries

Quelques séries fétiches des jeunes et grands adolescents. Vous trouverez très probablement dans les sites présentés des informations qui intéresseront particulièrement vos élèves. Certains fournissent même les scripts des épisodes : utile, et un moyen agréable de travailler autrement. Nous avons volontairement limité le nombre des sites aux séries les plus en vogue actuellement, ou celles pouvant être exploitées en classe. Le schéma général de ces sites est le même : les personnages, les acteurs et actrices, le résumé des anciens épisodes, souvent même le résumé des épisodes à venir dans les nouvelles saisons (professeurs de collège, annoncez à vos élèves que vous connaissez la fin des aventures de Buffy…, aux plus âgées que vous avez lu la suite de celles de Ally MacBeal…. popularité assurée auprès du public féminin !).

Les programmes

http://www.tvguide.com/movies/

Guide télé en ligne : les films, les séries. Un programme complet.

The Addams Family

http://morticiasmorgue.com/addams.html

Ally MacBeal

http://www.allymcbeal.com/

Site officiel. Guide des épisodes, les coulisses de la série, des extraits de scripts, un jeu pour gagner un voyage à L.A. Dommage, pas d'extraits vidéo ni musique.

http://members.nbci.com/ally_mcbeal/index.html

Un site personnel d'un fan qui propose le guide des épisodes, des photos, des chansons.

Buffy the Vampire Slayer

http://www.buffy.com/

Site officiel. Menu animé : vous pourrez envoyer des cartes électroniques, vous renseigner sur les personnages, les épisodes passés, participer à un jeu interactif (en construction actuellement).

http://www.enteract.com/~perridox/SunS/

Site personnel. En plus du résumé des épisodes, les musiques de la série, des extraits de dialogues, replacés dans leur contexte (extraits de scripts).

Friends

http://friends.warnerbros.com/

Site officiel. *Behind the Scenes, Video Downloads* (dont l'épisode pilote), et un épisode par jour à télécharger.

http://www.geocities.com/TelevisionCity/4151/index2.html

Site personnel. Les nouvelles des tournages, photos, cartes électroniques, scripts, nombreux clips audio.

Happy Days

http://www.sitcomsonline.com/happydays.html

Site personnel : photos, résumé complet des épisodes, que deviennent les acteurs. Très documenté, accompagné de musiques, chansons et clips vidéos.

The Pretender

http://www.enteract.com/~perridox/pretender/

Site personnel. Tout sur « le Caméléon » : le guide des épisodes des différentes saisons, les identités nombreuses du héros Jarod, biographies, filmographies des acteurs de la série, des photos et clips audio (longs à charger). Des images sont annoncées.

Stargate SG-1

http://www.sg-1.net/index.html

Site officiel de la série *Stargate SG-1*, de la *Metro-Goldwyn-Mayer*. Vous pourrez consulter les passionnants *Behind the Scenes*, avoir des nouvelles des tournages, et le résumé des épisodes des saisons 1 et 2 (un lien vous conduira vers les aventures de la troisième saison). Également les esquisses utilisées pour organiser le tournage et le déplacement des caméras.

http://www.thedutchfanpage.bizland.com/index.htm

Accueil animé pour ce superbe site, on ne peut plus complet sur la série TV : la biographie des acteurs et des héros, tous les détails concernant les planètes visitées au fil des épisodes, eux-mêmes résumés, des nouvelles du tournage, le guide des glyphes et des technologies utilisés. Et bien sûr, il est possible de télécharger les musiques et des photos.

The X-Files

http://www.thex-files.com/

Site officiel. Interviews, guide des épisodes, possibilité d'ouvrir une adresse e-mail spéciale X-Files, des bandes annonces, biographies des acteurs, présentation de la nouvelle saison, vidéos, clips audio.

16 New York : musées et curiosités

http://search.gallery.yahoo.com/search/corbis?p=new+york+city

La ville en (627) photos : outre leur visualisation, il est possible de les importer sur son disque dur, de les envoyer comme cartes postales électroniques ou de les ajouter à son propre site *web*.

http://130.166.124.2/NYpage1.html

Informations statistiques sur la ville : population, répartition des différentes communautés, revenus, pauvreté, éducation etc.

http://www.forgotten-ny.com/

Forgotten New York: un site très riche consacré à la New York du passé et aux lieux insolites (nombreux liens).

Central Park

http://www.centralparknyc.org/

Le site officiel du grand parc new-yorkais : histoire du parc, les nouveautés, les activités.

Chinatown

http://photoarts.com/cooper/index2.html

Le nouvel an chinois à Chinatown : explications sur le rituel et nombreuses photos.

Chrysler Building

http://www.luciddreams.com/chryslerbuilding/

Site officiel avec les renseignements d'usage : histoire, horaires d'ouverture pour les visites, photos.

Ellis Island

http://www.ellisisland.org/

Première vision de l'Amérique des immigrants.

Empire State Building

http://www.esbnyc.com/

Site officiel : histoire et superbes photos, programmation des éclairages (Saint-Valentin, Noël...) et explication en ce qui concerne les couleurs. Vous pouvez s'il n'est pas déjà trop tard, programmer votre marriage en haut de l'Empire State Building !

http://www.nypl.org/research/chss/spe/art/photo/hinex/empire/empire.html

Splendide site de la *New York Public Library* sur lequel vous admirerez des dizaines de photographies noir et blanc prises par Lewis Wickes

Hine lors de la construction de l'Empire State Building en 1930 et 1931. Beaucoup de ses photos ont le tour du monde.

Gratte-ciel

http://members.nbci.com/iNetwork/NYC/nyc.html

Webcams, photographies couleurs, archives, cartes de la ville… Site très utile à tous ceux qui souhaitent s'informer sur l'architecture des gratte-ciel et sur l'histoire de leur construction.

Guggenheim Museum

http://www.guggenheim.org/new_york_index.html

Métro n° 7

http://7train.nyc24.com/

Une curiosité : montez dans le métro new-yorkais, écoutez les autochtones parler. Également intéressant pour la localisation des différentes communautés ethniques qui composent New York. Vues à 360° de l'intérieur d'un compartiment qui vous permet de regarder tous les côtés, de zoomer ou d'éloigner l'objectif. Cliquez sur l'une des stations de la ligne, vous aurez alors une photo d'une rue environnante.

Metropolitan Museum

http://www.metmuseum.org/

Statue of Liberty

http://www.endex.com/gf/buildings/liberty/liberty.html

17 Les parcs nationaux

Parcs nationaux

http://www.nps.gov/parks.html

À partir du site « Park Net » vous pourrez accéder à l'ensemble des parcs américains. La recherche s'effectue de plusieurs façons : vous connaissez exactement le nom du parc et le sélectionnez dans la liste ; ou vous cliquez sur *Find on Map* et choisissez une région des USA : la liste de tous les parcs de l'état vous sera alors proposée. Les pages concernant les sites sont brèves mais de bonne qualité, pratiques. Une section *Kids* est disponible, pour celles et ceux qui souhaiteront organiser une visite aux USA avec leurs classe.

18 Villes et états

Sites officiels de quelques villes américaines qui offrent des informations pratiques et touristiques. Pour accéder rapidement aux sites officiels de l'ensemble des états et de plusieurs centaines de villes, allez sur un moteur de recherches américain, tapez le nom de l'état ou de la ville suivi du signe + et de *government* (par exemple : *texas+government* ou *boston+government*).

Boston (Massachusetts)
http://www.ci.boston.ma.us/

Chicago (Illinois)
http://www.ci.chi.il.us/

Dallas (Texas)
http://www.ci.dallas.tx.us/

Detroit (Michigan)
http://www.ci.detroit.mi.us/

Las Vegas (Nevada)
http://www.ci.las-vegas.nv.us/

Los Angeles (California)
http://www.lacity.org/

Miami (Florida)
http://www.ci.miami.fl.us/

Minneapolis (Minnesota)
http://www.ci.minneapolis.mn.us/

New Orleans (Louisiana)
http://www.new-orleans.la.us/

San-Francisco (California)
http://www.ci.sf.ca.us/

19 Cuisine

Sites généralistes
http://www.enter.net/~rburk/
http://recipes.alastra.com/
http://www.epicurious.com/
Toutes les recettes d'*appetizers*, de *main course*, de *desserts* se trouvent sur ces sites. Bon courage !

Brownies
http://www.enter.net/~rburk/brownies.htm
Nous connaissons en Europe bien peu de versions de ce succulent carré de chocolat savoureux et fondant.... Erreur ! Il est décliné en un grand nombre de versions, certaines probablement très personnelles, mais néanmoins intéressantes. Voici environ 38 recettes de *Brownies,* comme les *Decadent chocolate brownies w/ port cream, Killer Brownies, Palm Beach Brownies*.... Tout un programme !

Plats Cajun
http://recipes.alastra.com/cajun/default.html
Arielle's Recipe Archives, une multitude de spécialités cajun : 23 recettes de *Jambalaya*, un nombre incalculable de *Dirty Rice*. En remontant l'arborescence de l'adresse, vous arriverez sur la page d'accueil de ce moteur spécial cuisine : http://recipes.alastra.com/

Cheesecake
http://food.epicurious.com/run/recipe/photo?id=102118 ♥
Ouverture en photo sur un *Citrus Cheesecake with Marmalade Glaze*. De quoi donner envie de cliquer sur la photo pour accéder à la recette, et sur

les commentaires et conseils des lecteurs l'ayant testée ! Instructif et amusant. Cette recette, choisie en guise d'exemple, est l'une des 93 (certaines avec photo) proposées par le moteur de recherches Epicurious : http://food.epicurious.com/s97is.vts. Allez admirer *le Marbled Pumpkin Cheesecake*, le *Strawberry Cheesecake with Gingersnap Crust…* Y résisterez-vous ?

20 Fêtes et traditions

Hallowe'en

http://www.halloween-online.com/#

Hallowe'en Online : beaucoup de liens, vers des sites qui vous proposent jeux, chansons, histoires, recettes, cartes électroniques…

Independence Day

http://www.holidays.net/independence/

Site très complet avec musique patriotique dont *God Bless America, The Star Spangled Banner*, *America the Beautiful*. Et aussi la recette de l'*Apple Pie* traditionnel…

http://www.theholidayspot.com/july4/

Martin Luther King's Day

http://www.holidays.net/mlk/

Informations pratiques et historiques sur cette journée.

http://seattletimes.nwsource.com/mlk/holiday/index.html

Naissance de la journée de Martin Luther King.

http://www.mcs.pvt.k12.ny.us/events/march.htm

La marche annuelle pour Martin Luther King.

Noël

http://ai.eecs.umich.edu/people/kennyp/xmas/

Un peu de nostalgie sur ce site personnel sur lequel vous pourrez entendre des extraits d'émissions de Noël diffusées à la télévision.

Saint Patrick's Day

http://www.wilstar.com/holidays/patrick.htm

Coutumes et traditions (avec musique traditionnelle irlandaise).

http://www.ny.com/holiday/stpatricks/

Autre site avec musique, poèmes et recettes de cuisine spécifiques.

Thanksgiving

http://www.ukans.edu/carrie/docs/texts/thanksg.txt

Texte de la proclamation du jour officiel du *Thanksgiving*, adopté en 1676.

http://www.plimoth.org/Library/Thanksgiving/firstT.htm

Histoire de *Thanksgiving* proposée par le musée de Plymouth, Massachussetts.

http://jokepost.com/thanksgiving.html

http://www.criscokitchen.com/thanksgiving.html

Recettes spéciales *Thanskgiving*.

21 La météo

http://iwin.nws.noaa.gov/iwin/nationalwarnings.html

National Warning Area: fascinant pour tous ceux qui s'intéressent aux phénomènes météo violents qui agitent régulièrement les cieux américains. Ce site permet aux habitants des régions à risque de consulter les prévisions et d'être alertés par l'arrivée d'une *Tornado,* d'une *Flash Flood*, d'un *Hurricane, Severe Thunderstorm* ou *Winter Storm*. Une rubrique spéciale *Marine*.

http://www.wrh.noaa.gov/wrhq/nwspage.html

La météo « normale » de toutes les régions des USA : cliquez sur la région qui vous intéresse, vous obtiendrez les prévisions, les cartes satellite, la météo des océans, des rivières, montagnes… Également beaucoup de liens vers des sites très techniques, à conseiller aux scientifiques.

22 Les sports

Sites généralistes

http://www.allstarsites.com/

http://www.sportsearch.com/

Deux sites qui vous mèneront vers tous les sports pratiqués aux U.S.A : accès aux fan clubs, scores, journaux sportifs.

Baseball

http://www.baseball1.com/

Tout sur le baseball.

American football

http://www.footballresearch.com/index.cfm

Historique.

http://nfl.com/randf/rulesdigest.html

Les règles du football américain.

8

Guides, annuaires et moteurs de recherche

Certains guides et moteurs de recherches vous permettront d'accéder rapidement à des informations spécifiques sur le pays recherché.

1 L'Australie

Altavista

http://www.goeureka.com.au/standard.php

Anzwers

http://www.anzwers.com.au/

Excite

http://www.excite.com.au/

Matilda

http://matilda.aaa.com.au/

Ozsearch

http://www.ozsearch.com.au/

Ozramp

http://www.ozramp.net.au/

Web Wombat

http://www.webwombat.com.au/

Yahoo

http://www.yahoo.com.au/

2 La République d'Irlande

Browse Ireland
http://www.browseireland.com/

Doras
http://www.doras.ie/Doras.nsf

IeSearch
http://www.iesearch.ie/

Index Eireann
http://www.index-eireann.com/

Nice One
http://www.niceone.com/

Search Engine
http://www.searchengine.ie/searchenginestart.asp

Searching Ireland
http://www.searchingireland.com/

Yahoo UK & Ireland
http://uk.yahoo.com/

3 Le Royaume-Uni

About
http://home.about.com/aboutuk/

Altavista
http://uk.altavista.com/

Excite
http://www.excite.co.uk/

Infoseek
http://www.go.com/

Yahoo
http://uk.yahoo.com/

4 Les États-Unis

About
http://www.about.com/

Altavista
http://www.altavista.com/

Galaxy
http://www.galaxy.com/

Go
http://www.go.com/

Google
http://www.google.com/

Hotbot/Lycos
http://hotbot.lycos.com/

Magellan
http://magellan.excite.com/

Snap
http://www.snap.com/

Webcrawler
http://www.webcrawler.com/

Yahoo
http://www.yahoo.com/

Yahooligans
http://www.yahooligans.com/

Cet ouvrage a été composé
par I.G.S. - Charente Photogravure à l'Isle d'Espagnac (16)

Imprimé en France par I.F.C. - 18390 Saint-Germain-du-Puy
N° d'imprimeur : 00/1313 - N° d'édition : 002853-01
Dépot légal : Janvier 2001